2023年版

中検3級
試験問題

［第106・107回］
解答と解説

一般財団法人
日本中国語検定協会 編

白帝社

音声ファイルの再生方法について

■『中検 3 級試験問題 2023［第 106・107 回］』の音声ファイル（MP3）は，下記サイトにアクセスし，無料でストリーミングやダウンロードで聞くことができます。

https://www.hakuteisha.co.jp/audio/chuken/3-2023.html

■ **ストリーミングで聞く場合**（スマートフォン，パソコン，Wi-Fi がある所でおすすめ）：「ストリーミング」の下にあるトラック番号を選択（タッチまたはクリック）すると再生されます。

■ **ダウンロードで聞く場合**（パソコンでおすすめ）：「ダウンロード」の下にあるファイル名を選択（クリック）します。ファイルは ZIP 形式で圧縮された形でダウンロードされます。スマートフォンで行う場合の参考情報は，iv 頁をご覧ください。

■ 発行より年月がたっているものは，ダウンロードのみとなります。

■ 本文中の マークの箇所が音声ファイル（MP3）提供箇所です。会場での受験上の注意を収録したトラック 01，02，44 は，本書「問題」部分には記していません。

■ 本書と音声は著作権法で保護されています。

ご注意

＊ 音声の再生には，MP3 ファイルが再生できる機器などが別途必要です。

＊ ご使用機器，音声再生ソフトに関する技術的なご質問は，ハードメーカー，ソフトメーカーにお問い合わせください。

ストリーミングやダウンロードがご利用できない場合は CD をお送りします。葉書やメールに，①『中検 3 級試験問題 2023［第 106・107 回］』の CD 希望，②お送り先の住所，③氏名を明記の上，下記宛お申し込みください。

171-0014　東京都豊島区池袋 2-65-1　白帝社 CD 係

info@hakuteisha.co.jp

まえがき

私たちの協会はこれまで各回の試験が終わるごとに級別に試験問題の「解答解説」を発行し，また年ごとに試験問題と解答解説を合訂した「年版」を公表してきました。これらは検定試験受験者だけでなく，広く中国語学習者や中国語教育に携わる先生方からも，大きな歓迎を受けてきましたが，ただ主として予約による直接購入制であったため，入手しにくいので一般の書店でも購入できるようにしてほしいという声が多く受験者や学習者から寄せられていました。

その要望に応えるため，「年版」の発行を2013年度実施分より中国語テキストや参考書の発行に長い歴史と実績を有する白帝社に委ねることにしました。「各回版」の方は速報性が求められ，試験終了後直ちに発行しなければならないという制約を有するため，なお当面はこれまでどおり協会が発行し，直接取り扱うこととします。

本書の内容は，回ごとに出題委員会が作成する解答と解説に準じていますが，各回版刊行後に気づいた不備，回ごとの解説の粗密や記述体裁の不統一を調整するとともに，問題ごとに出題のねらいや正解を導くための手順を詳しく示すなど，より学習しやすいものになるよう配慮しました。

本書を丹念に読むことによって，自らの中国語学習における不十分なところを発見し，新しい学習方向を定めるのに役立つものと信じています。中国語学習者のみなさんが，受験準備のためだけでなく，自らの学力を確認するための目安として本書を有効に活用し，学習効果の向上を図られることを願っています。

2023年4月

一般財団法人 日本中国検定協会

本書について

本書は，日本中国語検定協会が2022年度に実施した第106回（2022年6月），第107回（2022年11月）中国語検定試験の問題とそれに対する解答と解説を，実施回ごとに分けて収めたものです。リスニング問題の音声はダウンロードして聴くことができます。

問　題

・試験会場で配布される状態のものに，音声のトラック番号を 03 のように加えています。ただし，会場での受験上の注意を収録した各回のトラック01，02，44は記していません。

解答と解説

・問題の最初に，出題のポイントや正解を導くための手順を簡潔に示しています。

・4択式の解答は白抜き数字❶❷❸❹で，記述式の解答は太字で示しています。解説は問題ごとに　　内に示しています。

・長文問題の右側の数字は，5行ごとの行数を示しています。

・リスニングの長文聴解や，筆記の長文読解の文章中の解答部分，あるいは解答を導く手掛かりとなる箇所には破線____のアンダーラインを施しています。

・準4級・4級・3級の問題文と選択肢の文すべて（一部誤答は除く）にピンインと日本語訳例を付し，リスニング問題にはピンインと漢字表記および日本語訳を付けています。

・ピンイン表記は原則として《现代汉语词典 第7版》に従っていますが，“不”“一”の声調は変調したものを示しています。

“没有”は動詞は méiyǒu，副詞は méiyou のように表記しています。

軽声と非軽声の2通りの発音がある場合は，原則として軽声の方を採用しています。例：“打算 dǎ·suàn” は dǎsuan，“父亲 fù·qīn” は fùqin，“因为 yīn·wèi” は yīnwei。

方向補語は次の例のように表記しています。

動詞“起”が方向補語“来”を伴う場合の可能・不可能形：“来”は非軽声。

起来 qǐlai ⇨ 起得来 qǐdelái 起不来 qǐbulái
（起き上がる） （起き上がれる） （起き上がれない）

動詞“赶”が方向補語“上”を伴う場合の可能・不可能形：“上”は非軽声。

赶上 gǎnshang ⇨ 赶得上 gǎndeshàng 赶不上 gǎnbushàng
（追いつく） （追いつける） （追いつけない）

複合方向補語“起来”を伴う動詞“拿”の可能・不可能形：“起来”は非軽声。

拿起来 náqilai ⇨ 拿得起来 nádeqǐlái 拿不起来 nábuqǐlái
（手に取る） （手に取れる） （手に取れない）

複合方向補語“起来”の“起”と“来”の間に目的語が置かれる場合：“起”は非軽声，“来”は軽声。

拿起书来 náqǐ shū lai ⇨ 拿得起书来 nádeqǐ shū lai
（本を手に取る） （本を手に取れる）
拿不起书来 nábuqǐ shū lai
（本を手に取れない）

“上来、上去、下来、下去、出来、出去”等はすべて上の例にならう。

・品詞名と術語は次のとおりです。

名詞　動詞　助動詞　形容詞　数詞　量詞（＝助数詞）
数量詞（数詞＋量詞）　代詞（名詞・動詞・形容詞・数量詞・副詞に代わる語）　擬声詞（＝擬声語・擬態語）　副詞　介詞（＝前置詞）
連詞（＝接続詞）　助詞　嘆詞（＝感動詞）　接頭辞　接尾辞

中国語の“状语”は状況語（連用修飾語），“定语”は限定語（連体修飾語）としています。

・音声のトラック番号は，03 のように示し，繰り返しのものを割愛しています。

解答用紙見本

・巻末にマークシート式の解答用紙の見本（70％縮小）があります。記入欄を間違えないように，解答欄の並び方を確認しましょう。

参考情報 スマートフォンで音声ダウンロードと再生を行う手順

https://www.hakuteisha.co.jp/audio/chuken/3-2023.html

・Android，iPhone：次の手順で再生してください。

① QR コードを読み取るか，ブラウザに URL を入力して，音声ダウンロードページを開きます。

⇩

② ダウンロードしたいものを選択（タッチ）すると，ダウンロードされます。

⇩

③ ダウンロードしたものが保存されている場所を開き，ダウンロードしたものを開きます。

⇩

④ ダウンロードしたファイルを選択し，聞きたいトラック番号を選択して，再生します。

＊スマートフォンの機種や使用アプリ，アプリのバージョンによって操作方法は少し異なることがあります。

目　次

第106回
(2022年6月)

問　題

解答時間：計100分

配点：リスニング100点，筆記100点

解答と解説

リスニング （⇨解答と解説11頁）

03 **1** 1. (1)～(5)の問いの答えとして最も適当なものを，①～④の中から１つ選びなさい。

（25 点）

04 (1)

① ② ③ ④

05 (2)

① ② ③ ④

06 (3)

① ② ③ ④

07 (4)

① ② ③ ④

08 (5)

① ② ③ ④

09 2. (6)～(10)のＡとＢの対話を聞き，それに続くＡの発話として最も適当なものを，①～④の中から１つ選びなさい。

（25 点）

10 (6)

① ② ③ ④

11 (7)

① ② ③ ④

12 (8)

① ② ③ ④

13 (9)

① ② ③ ④

14 (10)

① ② ③ ④

15 **2** 中国語を聞き，⑴～⑽の問いの答えとして最も適当なものを，①～④の中から1つ選びなさい。 (50点)

16
23

17
24

⑴～⑸の問いは音声のみで，文字の印刷はありません。

18 ⑴
25 ①　②　③　④

19 ⑵
26 ①　②　③　④

20 ⑶
27 ①　②　③　④

21 ⑷
28 ①　②　③　④

22 ⑸
29 ①　②　③　④

30

37

31

38

32 (6) 哪个国家的法定假日最多？

39 ① ② ③ ④

33 (7) 中国人一年可以休息多少天？

40 ① ② ③ ④

34 (8) 日本人的休息日为什么比法国人少？

41 ① ② ③ ④

35 (9) 中国是从什么时候开始有黄金周的？

42 ① ② ③ ④

36 (10) 中国现在的黄金周是：

43 ① ② ③ ④

筆　記 （⇨解答と解説21頁）

1 1. (1)～(5)の中国語と声調の組み合わせが同じものを，①～④の中から 1 つ選びなさい。 (10 点)

(1) 新闻　① 安全　② 牛奶　③ 车站　④ 出发

(2) 文明　① 学费　② 原因　③ 平时　④ 游泳

(3) 参观　① 基本　② 关心　③ 丰富　④ 清楚

(4) 世界　① 目前　② 办法　③ 服务　④ 大概

(5) 高兴　① 开始　② 健康　③ 方面　④ 认真

2. (6)～(10)の中国語の正しいピンイン表記を，①～④の中から 1 つ選びなさい。 (10 点)

(6) 排球　① háiqiú　② háichù　③ páichù　④ páiqiú

(7) 危险　① wàijiàn　② wàixiǎn　③ wēixiǎn　④ wēijiàn

(8) 互相　① fúxiāng　② hùxiāng　③ hùxiàng　④ fúxiàng

(9) 语言　① yǔyán　② yīyán　③ yīyuàn　④ yǔyuàn

(10) 条件　① diàoqiáng　② tiáojiàn　③ diàojiàn　④ tiáoqiáng

2 ⑴～⑽の中国語の空欄を埋めるのに最も適当なものを，①～④の中から１つ選びなさい。 (20点)

⑴ 这里的地铁非常方便，早晚高峰时间，不到五分钟就有一（　　　）车。

① 场　② 遍　③ 顿　④ 趟

⑵ 已经25号了，（　　　）期末考试只有一个星期了。

① 离　② 从　③ 跟　④ 向

⑶ 盘子里的鱼（　　　）猫吃了。

① 从　② 对　③ 把　④ 被

⑷ 孩子们每天都走（　　　）去上学。

① 了　② 的　③ 着　④ 到

⑸ 在我的同学当中，她最（　　　）买东西，总能买到又便宜又好看的衣服。

① 会　② 可以　③ 要　④ 得

⑹ 最近要做的事情特别多，我觉得（　　　）累。

① 一下儿　② 一会儿　③ 一点儿　④ 有点儿

⑺ 最近几年，学习汉语的人多（　　　）了。

① 起来　② 上来　③ 过来　④ 出来

⑻ 高桥（　　　）学习成绩好，而且还经常帮助别人。

① 不但　② 只有　③ 不管　④ 只要

⑼ 你说服不了我，我也说服不了你，那咱们就等老师回来（　　　）讨论吧。

① 才　② 再　③ 又　④ 还

⑽ 刚上车的乘客，请（　　　）里面走。

① 在　② 往　③ 给　④ 从

3 1. (1)～(5)の日本語の意味に合う中国語を，①～④の中から1つ選びなさい。

(10点)

(1) わたしは毎日数時間インターネットをします。

① 我上网每天几个小时。

② 我每天上几个小时网。

③ 我每天几个小时上网。

④ 我上几个小时网每天。

(2) この本はきのう図書館から借りて来たのです。

① 这本书是昨天从图书馆借来的。

② 这本书是昨天借来从图书馆的。

③ 这本书是从图书馆昨天借来的。

④ 这本书从图书馆是昨天借来的。

(3) 彼女は疲れて晩ごはんさえ食べずに寝てしまった。

① 她连累得晚饭也没吃就睡了。

② 她累得连晚饭没吃也就睡了。

③ 她也累得晚饭连没吃就睡了。

④ 她累得连晚饭也没吃就睡了。

(4) 帰るときにこの本を忘れないようにね。

① 回去的时候，别把这本书带回去忘了。

② 回去的时候，别忘了带回去把这本书。

③ 回去的时候，别忘了把这本书带回去。

④ 回去的时候，别把这本书忘了带回去。

(5) 宿題をやり終えていない学生がまだ2人います。

① 还有两个没写完作业学生。

② 没写完作业还有两个学生。

③ 还有两个学生没写完作业。

④ 两个学生有作业还没写完。

2. ⑹〜⑽の日本語の意味になるように①〜④を並べ替えたときに，[　　] 内に入るものを選びなさい。 (10点)

⑹ わたしは絵を描くことに全く興味がありません。

我＿＿＿＿ ＿＿＿＿ [＿＿＿＿] ＿＿＿＿没有。

① 都　② 对画画儿　③ 一点儿　④ 兴趣

⑺ 彼女は来年9月から半年間留学に行くそうです。

听说她从明年＿＿＿＿ [＿＿＿＿] ＿＿＿＿ ＿＿＿＿。

① 九月开始　② 半年　③ 留学　④ 去

⑻ この机をきれいにしてください。

请 [＿＿＿＿] ＿＿＿＿ ＿＿＿＿ ＿＿＿＿。

① 把　② 擦　③ 干净　④ 这张桌子

⑼ 彼のパソコンはあなたのよりずっと高い。

他的电脑＿＿＿＿ ＿＿＿＿ ＿＿＿＿ [＿＿＿＿] 了!

① 你的　② 多　③ 贵　④ 比

⑽ このペンは今どこへ行っても買えません。

这种笔现在 [＿＿＿＿] ＿＿＿＿ ＿＿＿＿ ＿＿＿＿。

① 哪儿　② 到　③ 买不到　④ 也

4 次の文章を読み，(1)～(6)の問い の答えとして最も適当なものを，①～④の中から1つ選びなさい。 (20点)

赵伟在杭州一家电脑公司工作。端午节放假，他回了江西老家。8号晚上回杭州的时候，妈妈给他往旅行箱里[(1)]了很多好吃的。爸爸给了他一个铁盒，里面有30多枚古钱币，[(2)]宋朝的、明朝的，[(2)]清朝的，让赵伟去文物店请行家鉴定一下价值。

他的飞机半夜才到杭州，他把旅行箱放到机场大巴的行李舱里，上了车就睡着了。下车的时候匆忙拿出旅行箱回到家，打开一看：里面的东西全都变了，是几件女人的衣服和一些吃的，贵重的铁盒也不见了。

第二天早上，他拉着箱子去汽车公司求助，一位女士正在和昨天的司机说着[(3)]。见他进来，异口同声地问："你是来换箱子的吧？"看到女士前面的箱子，他马上明白了。这两个旅行箱[(4)]是颜色，还是大小，几乎一模一样。他说："真对不起，昨天我[(5)]累[(5)]困，急着回家，拿错了箱子，给你添麻烦了。"女士说："不能全怪你，我当时也没仔细看，今天才发现拿错了。"他们交换了箱子，后来还成了好朋友。

(1) 空欄(1)を埋めるのに適当なものはどれか。

① 入　② 装　③ 送　④ 进

(2) 2か所の空欄(2)を埋めるのに適当なものはどれか。

① 是…还是…　② 有…还有…　③ 因为…所以…　④ 除了…以外…

(3) 空欄(3)を埋めるのに適当なものはどれか。

① 那么　② 怎么　③ 这么　④ 什么

(4) 空欄(4)を埋めるのに**適当でないもの**はどれか。

① 无论　② 不管　③ 不论　④ 无关

(5) 2か所の空欄(5)を埋めるのに適当な同一の語はどれか。

① 又　② 也　③ 还　④ 更

(6) 本文の内容と**一致しないもの**はどれか。

① 爸爸想知道古钱币的价值，所以给了赵伟一个铁盒。

② 两个旅行箱在外观上没有区别。

③ 赵伟和女士坐的是同一个机场大巴。

④ 女士晚上发现箱子错了，所以第二天早上就去了汽车公司。

5 (1)～(5)の日本語を中国語に訳し，漢字（簡体字）で書きなさい。
（漢字は崩したり略したりせずに書き，文中・文末には句読点や疑問符をつけること。）

(20 点)

(1) 彼は中国でおいしい料理をたくさん食べました。

(2) わたしたちは毎日電子メールで連絡します。

(3) よろしければ，あしたは少し早めに来てください。

(4) 李さんの日本語はあなたほどうまくありません。

(5) ここからまっすぐ南へ行ってください。

リスニング

1 会　話

解答：(1) ❷　(2) ❶　(3) ❹　(4) ❷　(5) ❸　(6) ❹　(7) ❶　(8) ❷　(9) ❷　(10) ❹

1. 日常会話でよく使われる問いに対し，正確に答えることができるかどうかを問うています。 (5 点× 5)

04 (1) 問：哪个是你的杯子？ Nǎge shì nǐ de bēizi?	どれがあなたのコップですか。
答：① 我想买大一点儿的。 Wǒ xiǎng mǎi dà yìdiǎnr de.	わたしは少し大きめのを買いたいです。
❷ 左边儿那个白色的。 Zuǒbianr nàge báisè de.	左のあの白いのです。
③ 那个红色的很好看。 Nàge hóngsè de hěn hǎokàn.	あの赤いのはとてもきれいです。
④ 我最喜欢黑色的。 Wǒ zuì xǐhuan hēisè de.	わたしは黒いのがいちばん好きです。
05 (2) 問：你身体怎么样了？好点儿了吗？ Nǐ shēntǐ zěnmeyàng le? Hǎo diǎnr le ma?	身体の具合はどうですか。少しよくなりましたか。
答：❶ 好多了，再休息一天就可以上班了。 Hǎo duō le, zài xiūxi yì tiān jiù kěyǐ shàngbān le.	だいぶよくなりました。あと 1 日休めば仕事に行くことができるようになります。
② 我最近有点儿胖了，得减肥了。 Wǒ zuìjìn yǒudiǎnr pàng le, děi jiǎnféi le.	わたしは最近少し太ったので，ダイエットしなければなりません。
③ 那就好，以后注意别再感冒了。 Nà jiù hǎo, yǐhòu zhùyì bié zài gǎnmào le.	それはよかった，今後風邪をひかないように気を付けてください。
④ 那太好了。你继续努力吧！ Nà tài hǎo le. Nǐ jìxù nǔlì ba!	それはよかったですね。引き続き努力してください。

06 (3) 問：田中明天就要回来了，你知道吗？ Tiánzhōng míngtiān jiù yào huílai le, nǐ zhīdao ma?
田中さんはあした帰って来ますが，知っていますか。

答：① 她是什么时候回来的？ 我不知道。
Tā shì shénme shíhou huílai de? Wǒ bù zhīdào.
彼女はいつ帰って来たのですか。わたしは知りませんでした。

② 是吗？ 我不知道她什么时候回去。
Shì ma? Wǒ bù zhīdào tā shénme shíhou huíqu.
そうですか。わたしは彼女がいつ帰って行ったのか知りませんでした。

③ 什么时候走？ 我和她一起去。
Shénme shíhou zǒu? Wǒ hé tā yìqǐ qù.
いつ行きますか。わたしは彼女と一緒に行きます。

❹ 是吗？ 我以为她昨天已经回来了呢。
Shì ma? Wǒ yǐwéi tā zuótiān yǐjīng huílai le ne.
そうですか。わたしは彼女がきのうすでに帰って来たと思っていました。

07 (4) 問：黑板上的字你能看清楚吗？
Hēibǎn shang de zì nǐ néng kànqīngchu ma?
黒板の字があなたははっきり見えますか。

答：① 你画得不好看。
Nǐ huàde bù hǎokàn.
あなたが描く絵はきれいではありません。

❷ 看不清楚，太小了。
Kànbuqīngchu, tài xiǎo le.
はっきり見えません，小さすぎます。

③ 能听清楚，你说吧。
Néng tīngqīngchu, nǐ shuō ba.
はっきり聞こえます，話してください。

④ 你看累了，休息一下吧。
Nǐ kànlèi le, xiūxi yíxià ba.
あなたは読み疲れたでしょうから，少し休んでください。

08 (5) 問：昨天晚上我给你打电话，你怎么没接？
Zuótiān wǎnshang wǒ gěi nǐ dǎ diànhuà, nǐ zěnme méi jiē?
昨夜わたしはあなたに電話しましたが，どうして出なかったのですか。

答：① 不好意思，可以借我用一下电话吗？
Bù hǎoyìsi, kěyǐ jiè wǒ yòng yíxià diànhuà ma?
すみませんが，電話をちょっとお借りしていいですか。

② 对呀，我打了好几次，你都没接。
Duì ya, wǒ dǎle hǎojǐ cì, nǐ dōu méi jiē.
そうです，わたしは何度もかけましたが，あなたは出ませんでした。

❸ 不好意思，我把手机忘在公司了。
Bù hǎoyìsi, wǒ bǎ shǒujī wàngzài gōngsī le.
すみません，わたしは携帯電話を会社に忘れました。

④ 对呀，我是在公司打的电话。
Duì ya, wǒ shì zài gōngsī dǎ de diànhuà.
そうです，わたしは会社で電話をかけたのです。

2. 問いと答えだけで終わるのではなく，相手の答えに対してもう一度反応を示すことができるかどうかを問うています。 (5 点× 5)

10 (6) A：听说我们学校来了一位新老师。Tīngshuō wǒmen xuéxiào láile yí wèi xīn lǎoshī.
我々の学校に新しい先生が来られたそうですね。

B：真的吗？是教什么的？
Zhēnde ma? Shì jiāo shénme de?
本当ですか。何を教えられる方ですか。

A：① 是一位姓王的老师。
Shì yí wèi xìng Wáng de lǎoshī.
王という名字の先生です。

② 我不知道是从哪儿来的。
Wǒ bù zhīdào shì cóng nǎr lái de.
どこから来られたか知りません。

③ 是从美国来的女老师。
Shì cóng Měiguó lái de nǚ lǎoshī.
アメリカから来られた女性の先生です。

❹ 是从北京来的汉语老师。
Shì cóng Běijīng lái de Hànyǔ lǎoshī.
北京から来られた中国語の先生です。

11 (7) A：对不起，你能打开空调吗？
Duìbuqǐ, nǐ néng dǎkāi kōngtiáo ma?
すみません。エアコンをつけてもらえますか。

B：可以呀，你觉得热吗？
Kěyǐ ya, nǐ juéde rè ma?
いいですよ。あなたは暑いですか。

A：❶ 今天天气好，我觉得有点儿热。
Jīntiān tiānqì hǎo, wǒ juéde yǒudiǎnr rè.
きょうは天気がいいので，わたしは少し暑いです。

② 今天天气不好，外边儿不暖和。
Jīntiān tiānqì bù hǎo, wàibianr bù nuǎnhuo.
きょうは天気が悪いので，外は暖かくありません。

③ 这里的房间都没有空调。
Zhèli de fángjiān dōu méiyǒu kōngtiáo.
ここはどの部屋にもエアコンはありません。

④ 今天比昨天凉快，很舒服。
Jīntiān bǐ zuótiān liángkuai, hěn shūfu.
きょうはきのうより涼しく，気持ちがいいです。

12 (8) A：这儿可以照相吗？
Zhèr kěyǐ zhàoxiàng ma?
ここで写真を撮ってもいいですか。

B：好像不能，博物馆里一般都不能照相。
Hǎoxiàng bù néng, bówùguǎn li yìbān dōu bù néng zhàoxiàng.
たぶんだめみたいです，博物館ではふつうは写真を撮ることができません。

A：① 那咱们在这儿照一张吧。
Nà zánmen zài zhèr zhào yì zhāng ba.
それではわたしたちはここで 1 枚撮りましょう。

❷ **那咱们到外边儿照吧。**
Nà zánmen dào wàibianr zhào ba.
それではわたしたちは外へ行って撮りましょう。

③ 那我们用手机照吧。
Nà wǒmen yòng shǒujī zhào ba.
それではわたしたちは携帯で撮りましょう。

④ 那我给你照一张吧。
Nà wǒ gěi nǐ zhào yì zhāng ba.
それではわたしはあなたに 1 枚撮ってあげましょう。

13 (9) A：这个菜怎么样？好吃吗？
Zhège cài zěnmeyàng? Hǎochī ma?
この料理はどうですか。おいしいですか。

B：还可以吧。不过太甜了，我不能吃甜的。
Hái kěyǐ ba. Búguò tài tián le, wǒ bù néng chī tián de.
まあまあです。でも甘すぎます，わたしは甘いのを食べられません。

A：① 是吗？那你就多吃点儿吧。
Shì ma? Nà nǐ jiù duō chī diǎnr ba.
そうですか。ではたくさん食べてください。

❷ **是吗？那再点一个别的吧。**
Shì ma? Nà zài diǎn yí ge bié de ba.
そうですか。ではもう一品別のを注文しましょう。

③ 太好了，我也喜欢这个菜。
Tài hǎo le, wǒ yě xǐhuan zhège cài.
よかったです。わたしもこの料理が好きです。

④ 知道了，下次再给你点这个菜。
Zhīdao le, xià cì zài gěi nǐ diǎn zhège cài.
わかりました。次回またこの料理を注文してあげます。

14 (10) A：毕业以后，你打算做什么工作？
Bìyè yǐhòu, nǐ dǎsuan zuò shénme gōngzuò?
卒業後，どんな仕事をするつもりですか。

B：我还没决定，你呢？
Wǒ hái méi juédìng, nǐ ne?
まだ決めていません。あなたは？

A：① 我现在在超市打工。
Wǒ xiànzài zài chāoshì dǎgōng.
わたしは今スーパーでアルバイトをしています。

② 我打算下星期天去图书馆学习。
Wǒ dǎsuan xià xīngqītiān qù túshūguǎn xuéxí.
わたしは来週日曜日に図書館へ勉強をしに行くつもりです。

③ 我爸爸在银行工作。
Wǒ bàba zài yínháng gōngzuò.
わたしの父は銀行で働いています。

❹ **我打算去中国留学，继续学习。**
Wǒ dǎsuan qù Zhōngguó liúxué, jìxù xuéxí.
わたしは中国へ留学して，勉強を続けるつもりです。

2 長文聴解

解答：(1)❶　(2)❷　(3)❸　(4)❹　(5)❸　(6)❷　(7)❶　(8)❸　(9)❸　(10)❹

(5 点 × 5)

16 A：喂，你好！是服务台吗？(1)房间里的电视打不开，怎么办好？	Wéi, nǐ hǎo! Shì fúwùtái ma? Fángjiān li de diànshì dǎbukāi, zěnme bàn hǎo?
B：是吗，那我说明一下吧。	Shì ma, nà wǒ shuōmíng yíxià ba.
A：(2)最好请您来一下。	Zuìhǎo qǐng nín lái yíxià.
B：好吧。请告诉我您的房间号。	Hǎo ba. Qǐng gàosu wǒ nín de fángjiān hào.
A：九楼，958 号。	Jiǔ lóu, jiǔwǔbā hào.
B：请稍等一下，我马上就去。	Qǐng shāo děng yíxià, wǒ mǎshàng jiù qù.
A： Wi-Fi 的密码就是房间号吧？	Wi-Fi de mìmǎ jiù shì fángjiān hào ba?
B：对，一会儿我也说明一下。	Duì, yíhuìr wǒ yě shuōmíng yíxià.
17 A：房间里的饮料是免费的吗？	Fángjiān li de yǐnliào shì miǎnfèi de ma?
B：(3)绿茶和矿泉水每天免费一瓶，其他的收费。	Lǜchá hé kuàngquánshuǐ měi tiān miǎnfèi yì píng, qítā de shōufèi.
A：下午我想去银行。离这儿远不远？能走着去吗？	Xiàwǔ wǒ xiǎng qù yínháng. Lí zhèr yuǎn bu yuǎn? Néng zǒuzhe qù ma?
B：走着去有点儿远。不过，交通很方便。坐电车或巴士都可以。	Zǒuzhe qù yǒudiǎnr yuǎn. Búguò, jiāotōng hěn fāngbiàn. Zuò diànchē huò bāshì dōu kěyǐ.

A：哎呀！外边儿下雨了，(5)您能给我叫出租车吗？
Āiyā! Wàibianr xià yǔ le, nín néng gěi wǒ jiào chūzūchē ma?

B：好的。您几点去？
Hǎo de. Nín jǐ diǎn qù?

A：(4)我想吃完午饭就去，12 点半吧。
Wǒ xiǎng chīwán wǔfàn jiù qù, shí'èr diǎn bàn ba. 25

B：知道了。12 点以后您到服务台来等车吧。
Zhīdao le. Shí'èr diǎn yǐhòu nín dào fúwùtái lái děng chē ba.

訳：

A：もしもし，こんにちは。フロントですか。(1)部屋のテレビがつかないのですが，どうしたらいいですか。

B：そうですか，では説明いたしましょう。

A：(2)ちょっと来ていただけるとよいのですが。

B：わかりました。お部屋の番号を教えてください。

A：9 階の 958 号室です。

B：少しお待ちください。すぐに伺います。

A：Wi-Fi のパスワードは部屋番号ですか。

B：そうです。後ほどまた説明いたします。

A：部屋の飲み物は無料ですか。

B：(3)緑茶とミネラルウォーターは毎日 1 本無料ですが，その他は有料です。

A：午後わたしは銀行に行きたいのですが，ここから遠いですか。歩いて行けますか。

B：歩いて行くと少し遠いです。ですが，交通は便利です。電車でもバスでもどちらでも大丈夫です。

A：あれ！外は雨が降ってきました，(5)タクシーを呼んでもらえますか。

B：わかりました。何時に行かれますか。

A：(4)昼食を食べ終わったらすぐに行きたいので，12 時半にしましょう。

B：承知いたしました。12 時以降，フロントに来られて車をお待ちください。

18 (1) 問：客人为什么打电话？
Kèren wèi shénme dǎ diànhuà?
客はなぜ電話をしましたか。

答：❶ 他想看电视。
Tā xiǎng kàn diànshì.
テレビを見たかった。

② 他想知道房间号。
Tā xiǎng zhīdao fángjiān hào.
部屋番号を知りたかった。

③ 他想问有没有 Wi-Fi。
Tā xiǎng wèn yǒu méi yǒu Wi-Fi.
Wi-Fi があるかどうか尋ねたかった。

④ 他想喝饮料。
Tā xiǎng hē yǐnliào.
飲み物を飲みたかった。

19 (2) 問：怎么给客人说明看电视的方法?
Zěnme gěi kèren shuōmíng kàn diànshì de fāngfǎ?
どうやって客にテレビを見る方法を説明しますか。

答：① 在电话里说明。
Zài diànhuà li shuōmíng.
電話で説明する。

❷ 到房间说明。
Dào fángjiān shuōmíng.
部屋に行って説明する。

③ 用电脑说明。
Yòng diànnǎo shuōmíng.
パソコンで説明する。

④ 在服务台说明。
Zài fúwùtái shuōmíng.
フロントで説明する。

20 (3) 問：房间里的饮料都收费吗?
Fángjiān li de yǐnliào dōu shōufèi ma?
部屋の中の飲み物はすべて有料ですか。

答：① 绿茶每天免费一瓶，其他的收费。
Lǜchá měi tiān miǎnfèi yì píng, qítā de shōufèi.
緑茶はは毎日 1 本無料で，その他は有料である。

② 矿泉水每天免费一瓶，其他的收费。
Kuàngquánshuǐ měi tiān miǎnfèi yì píng, qítā de shōufèi.
ミネラルウォーターは毎日 1 本無料で，その他は有料である。

❸ 绿茶和矿泉水每天免费一瓶，其他的收费。 Lǜchá hé kuàngquánshuǐ měi tiān miǎnfèi yì píng, qítā de shōufèi.
緑茶とミネラルウォーターは毎日 1 本無料で，その他は有料である。

④ 都收费。Dōu shōufèi.
すべて有料である。

21 (4) 問：客人想什么时候去银行?
Kèren xiǎng shénme shíhou qù yínháng?
客はいつ銀行に行きたいのですか。

答：① 看完电视去。
Kànwán diànshì qù.
テレビを見終わってから行きたい。

② 上网以后去。
Shàngwǎng yǐhòu qù.
インターネットをした後で行きたい。

③ 不下雨的时候去。
Bú xià yǔ de shíhou qù.
雨が降っていないときに行きたい。

❹ 吃完午饭去。
Chīwán wǔfàn qù.
昼食を食べ終わってから行きたい。

22 (5) 問：客人怎么去银行?
Kèren zěnme qù yínháng?
客はどうやって銀行に行きますか。

答：① 坐电车去。Zuò diànchē qù. 電車で行く。

② 坐巴士去。Zuò bāshì qù. バスで行く。

❸ 打车去。 Dǎchē qù. タクシーで行く。

④ 走着去。 Zǒuzhe qù. 歩いて行く。

フランス、日本、中国のうち休日が最も多い国は…。 (5点×5)

30 据说，法国是休息日最多的国家。有 10 个法律规定的假日，也就是法定假日，加上星期六和星期天，再加上各个公司有工资的年假，法国人每年大约有 150 天不用工作。(6)日本有 16 个法定假日，比法国多 6 个，比亚洲最少的印度多 10 个。不过(8)日本有工资的年假没有法国多，一年可以休息 120 天到 130 天左右。

31 (7)中国的法定假日是 11 天，包括新年、春节、5 月 1 号的劳动节、10 月 1 号的国庆节等。加上周六和周日，一年可以休息 115 天。日本每年从 4 月末到 5 月初的一个星期叫“黄金周”，因为 4 月 29 号和 5 月 3、4、5 号是假日，能休息一个星期。中国以前没有黄金周，(9)从 1999 年 10 月开始，春节、五一劳动节和十一国庆节实行 7 天休息，有了 3 个黄金周。(10)2008 年，劳动节改为休息 3 天，保留了两个黄金周。

Jùshuō, Fǎguó shì xiūxirì zuì duō de guójiā. Yǒu shí ge fǎlǜ guīdìng de jiàrì, yě jiù shì fǎdìng jiàrì, jiāshàng xīngqīliù hé xīngqītiān, zài jiāshàng gègè gōngsī yǒu gōngzī de niánjià, Fǎguórén měi nián dàyuē yǒu yìbǎi wǔshí tiān búyòng gōngzuò. Rìběn yǒu shíliù ge fǎdìng jiàrì, bǐ Fǎguó duō liù ge, bǐ Yàzhōu zuì shǎo de Yìndù duō shí ge. Búguò Rìběn yǒu gōngzī de niánjià méiyǒu Fǎguó duō, yì nián kěyǐ xiūxi yìbǎi èrshí tiān dào yìbǎi sānshí tiān zuǒyòu.

Zhōngguó de fǎdìng jiàrì shì shíyī tiān, bāokuò xīnnián、Chūnjié、wǔyuè yī hào de Láodòng Jié、shíyuè yī hào de Guóqìng Jié děng. Jiāshàng zhōuliù hé zhōurì, yì nián kěyǐ xiūxi yìbǎi yīshiwǔ tiān. Rìběn měi nián cóng sìyuè mò dào wǔyuè chū de yí ge xīngqī jiào “huángjīnzhōu”, yīnwei sìyuè èrshijiǔ hào hé wǔyuè sān、sì、wǔ hào shì jiàrì, néng xiūxi yí ge xīngqī. Zhōngguó yǐqián méiyǒu huángjīnzhōu, cóng yījiǔjiǔjiǔ nián shíyuè kāishǐ, Chūnjié、Wǔ-Yī Láodòng Jié hé Shí-Yī Guóqìng Jié shíxíng qī tiān xiūxi, yǒule sān ge huángjīnzhōu. Èrlínglíngbā nián, Láodòng Jié gǎiwéi xiūxi sān tiān, bǎoliúle liǎng ge huángjīnzhōu.

訳：フランスは世界で休日が最も多い国だそうだ。10日の法律で規定された休日，つまり法定休日に加え，土曜日と日曜日，さらに各会社の有給休暇を加えると，フランス人は毎年およそ150日働く必要がない。(6)日本には16日の法定休日があり，フランスより6日多く，アジアで最も少ないインドよりも10日多い。しかし，(8)日本の有給休暇はフランスほど多くなく，休めるのは1年に120日から130日くらいである。

(7)中国の法定休日は11日で，新年・春節・5月1日のメーデー・10月1日の国慶節などを含む。土曜と日曜を加えると，1年に115日休むことができる。日本の毎年4月末から5月初めの1週間は「ゴールデンウィーク」と呼ばれている。4月29日と5月3、4、5日はみな休日で，1週間休むことができるからである。中国には以前ゴールデンウィークはなかった。(9)1999年10月から，春節と5月1日のメーデーと10月1日の国慶節が7日間休みとなり，3つのゴールデンウィークになった。(10)2008年，メーデーは3日の休みに改められ，2つのゴールデンウィークが残された。

32 (6) 問：哪个国家的法定假日最多？
Nǎge guójiā de fǎdìng jiàrì zuì duō?
どの国の法定休日が最も多いですか。

答：① 法国。Fǎguó. フランス。

❷ 日本。Rìběn. 日本。

③ 中国。Zhōngguó. 中国。

④ 印度。Yìndù. インド。

33 (7) 問：中国人一年可以休息多少天？
Zhōngguórén yì nián kěyǐ xiūxi duōshao tiān?
中国人は1年に何日休めますか。

答：❶ 115天。Yìbǎi yīshiwǔ tiān. 115日。

② 120天。Yìbǎi èrshí tiān. 120日。

③ 130 天。Yìbǎi sānshí tiān.　130 日。

④ 150 天。Yìbǎi wǔshí tiān.　150 日。

34 (8) 問：日本人的休息日为什么比法国人少?
Rìběnrén de xiūxirì wèi shénme bǐ Fǎguórén shǎo?
日本人の休日はなぜフランス人より少ないのですか。

答：① 因为法定假日少。
Yīnwei fǎdìng jiàrì shǎo.
法定休日が少ないから。

② 因为星期六不休息。
Yīnwei xīngqīliù bù xiūxi.
土曜日が休みではないから。

❸ 因为有工资的年假少。
Yīnwei yǒu gōngzī de niánjià shǎo.
有給休暇が少ないから。

④ 因为只有一个黄金周。
Yīnwei zhǐ yǒu yí ge huángjīnzhōu.
ゴールデンウィークが1つしかないから。

35 (9) 問：中国是从什么时候开始有黄金周的?
Zhōngguó shì cóng shénme shíhou kāishǐ yǒu huángjīnzhōu de?
中国はいつからゴールデンウィークが始まったのですか。

答：① 1999 年 4 月。 Yījiǔjiǔjiǔ nián sìyuè.　1999 年 4 月。

② 1999 年 5 月。 Yījiǔjiǔjiǔ nián wǔyuè.　1999 年 5 月。

❸ 1999 年 10 月。 Yījiǔjiǔjiǔ nián shíyuè.　1999 年 10 月。

④ 2008 年 5 月。 Èrlínglíngbā nián wǔyuè.　2008 年 5 月。

36 (10) 問：中国现在的黄金周是：
Zhōngguó xiànzài de huángjīnzhōu shì:
中国の現在のゴールデンウィークは：

答：① 春节、劳动节、国庆节。
Chūnjié、Láodòng Jié、Guóqìng Jié.
春節・メーデー・国慶節。

② 春节、劳动节。
Chūnjié、Láodòng Jié.
春節・メーデー。

③ 劳动节、国庆节。
Láodòng Jié、Guóqìng Jié.
メーデー・国慶節。

❹ 春节、国庆节。
Chūnjié、Guóqìng Jié.
春節・国慶節。

筆　記

1 ピンイン表記・声調

解答：(1) ❶　(2) ❸　(3) ❷　(4) ❹　(5) ❸　(6) ❹　(7) ❸　(8) ❷　(9) ❶　(10) ❷

1．2音節の単語の声調パターンが身に付いているかどうかを問うています。単語を覚えるときは，漢字の書き方や意味だけでなしに声調もしっかり身に付けましょう。

(2点×5)

(1) 新闻 xīnwén（ニュース）
- ❶ 安全 ānquán　（安全だ）
- ② 牛奶 niúnǎi　（牛乳）
- ③ 车站 chēzhàn　（駅）
- ④ 出发 chūfā　（出発する）

(2) 文明 wénmíng（文明）
- ① 学费 xuéfèi　（学費）
- ② 原因 yuányīn　（原因）
- ❸ 平时 píngshí　（ふだん）
- ④ 游泳 yóuyǒng　（泳ぐ）

(3) 参观 cānguān（見学する）
- ① 基本 jīběn　（基本）
- ❷ 关心 guānxīn　（関心を持つ）
- ③ 丰富 fēngfù　（豊富だ）
- ④ 清楚 qīngchu　（はっきりしている）

(4) 世界 shìjiè（世界）
- ① 目前 mùqián　（目下）
- ② 办法 bànfǎ　（方法）
- ③ 服务 fúwù　（奉仕する）
- ❹ 大概 dàgài　（たぶん）

(5) 高兴 gāoxìng（うれしい）
- ① 开始 kāishǐ　（開始する）
- ② 健康 jiànkāng　（健康だ）
- ❸ 方面 fāngmiàn　（方面）
- ④ 认真 rènzhēn　（まじめだ）

2. ピンインを正確に覚えているかどうかを問うています。正しく発音することができるかどうかは，ピンインによるチェックが効果的です。 (2 点 × 5)

(6) 排球（バレーボール）

① háiqiú　② háichù　③ páichù　❹ **páiqiú**

(7) 危险（危険だ）

① wàijiàn　② wàixiǎn　❸ **wēixiǎn**　④ wēijiàn

(8) 互相（互いに）

① fúxiāng　❷ **hùxiāng**　③ hùxiàng　④ fúxiàng

(9) 语言（言語）

❶ **yǔyán**　② yīyán　③ yīyuàn　④ yǔyuàn

(10) 条件（条件）

① diàoqiáng　❷ **tiáojiàn**　③ diàojiàn　④ tiáoqiáng

2 空欄補充

解答：(1)❹　(2)❶　(3)❹　(4)❸　(5)❶　(6)❹　(7)❶　(8)❶　(9)❷　(10)❷

空欄に入る語はいずれも文法上のキーワードです。 (2 点 × 10)

(1) 这里的地铁非常方便，早晚高峰时间，不到五分钟就有一（ 趟 ）车。Zhèli de dìtiě fēicháng fāngbiàn, zǎowǎn gāofēng shíjiān, bú dào wǔ fēn zhōng jiù yǒu yí tàng chē.

ここの地下鉄はとても便利で，朝晩のラッシュ時間には，5 分以内に 1 本電車がある。

① 场 cháng　② 遍 biàn　③ 顿 dùn　❹ 趟 tàng

量詞の問題です。往復する動作の回数を数える“趟”が正解です。“场”は自然現象・災害などの回数を，“遍”は始めから終わりまでの動作の回数を，“顿”は食事の回数を数えます。

(2) 已经 25 号了，（ 离 ）期末考试只有一个星期了。Yǐjīng èrshiwǔ hào le, lí qīmò kǎoshì zhǐ yǒu yí ge xīngqī le.

もう 25 日で，期末テストまであと 1 週間しかない。

❶ 离 lí　② 从 cóng　③ 跟 gēn　④ 向 xiàng

介詞の問題です。2 点間の空間的・時間的隔たりを表す“离”が正解です。“从”は動作の起点を，“跟”は共に行動する相手を，“向”は動作の向かう方向を表します。

(3) 盘子里的鱼（ 被 ）猫吃了。 Pánzi li de yú bèi māo chī le.
皿の上の魚は猫に食べられた。

① 从 cóng　② 对 duì　③ 把 bǎ　❹ 被 bèi

介詞の問題です。受け身文の動作主を表す“被”が正解です。“从”は動作の起点を，“对”は動作の対象を表し，“把”は動作の対象となる名詞を動詞の前に置き何らかの処置を加える場合に使用します。

(4) 孩子们每天都走（ 着 ）去上学。 Háizimen měi tiān dōu zǒuzhe qù shàngxué.
子どもたちは毎日歩いて学校に行く。

① 了 le　② 的 de　❸ 着 zhe　④ 到 dào

「動詞＋“着”(＋動詞)」は「…して…する」という意味で，“走着去上学”で「歩いて学校に行く」となり，“着”が正解です。“了”は動作の完了を，“的”は動作が過去に行われたことを自明のこととして表し，“到”は動作の目的が達成されることを表す結果補語です。

(5) 在我的同学当中，她最（ 会 ）买东西，总能买到又便宜又好看的衣服。Zài wǒ de tóngxué dāngzhōng, tā zuì huì mǎi dōngxi, zǒng néng mǎidào yòu piányi yòu hǎokàn de yīfu.
わたしの同級生の中で，彼女が一番買い物が上手で，いつも安くてきれいな服を手に入れる。

❶ 会 huì　② 可以 kěyǐ　③ 要 yào　④ 得 děi

助動詞の問題です。「…するのが上手だ」という意味の“会”が正解です。この場合の“会”は前に“很”“最”“真”などの副詞を付けることができます。“可以”は「…できる」，“要”は「…すべきだ」，“得”は「…しなければならない」という意味です。

(6) 最近要做的事情特别多，我觉得（ 有点儿 ）累。Zuìjìn yào zuò de shìqing tèbié duō, wǒ juéde yǒudiǎnr lèi.
最近やるべきことが特に多く，わたしは少し疲れている。

① 一下儿 yíxiàr　② 一会儿 yíhuìr
③ 一点儿 yìdiǎnr　❹ 有点儿 yǒudiǎnr

程度が軽いという意味の“有点儿”が正解です。“一下儿”は動詞の後に用いて「ちょっと…する」,“一会儿”は「しばらく」,“一点儿”は「少し」です。“一点儿”も程度が軽いことを表しますが形容詞の後に用い,“有点儿”は形容詞の前に用いて,多く望ましくないことをいいます。

(7) 最近几年，学习汉语的人多（ 起来 ）了。 Zuìjìn jǐ nián, xuéxí Hànyǔ de rén duōqilai le.
最近数年，中国語を勉強する人が増えてきている。

❶ 起来 qilai　② 上来 shanglai　③ 过来 guolai　④ 出来 chulai

複合方向補語の問題です。形容詞の後に用いて，ある状態が現れ始め程度が強まりつつあることを表す“起来”が正解です。“上来”は「上がってくる」,“过来”は「やってくる」,“出来”は「出てくる」ことを表します。

(8) 高桥（ 不但 ）学习成绩好，而且还经常帮助别人。Gāoqiáo búdàn xuéxí chéngjì hǎo, érqiě hái jīngcháng bāngzhù biéren.
高橋さんは勉強の成績がいいだけでなく，いつも他の人の手助けをする。

❶ 不但 búdàn　② 只有 zhǐyǒu　③ 不管 bùguǎn　④ 只要 zhǐyào

接続詞の問題です。“而且”と呼応する“不但”（…だけでなく）が正解です。“只有”（…してはじめて）は“才”と,“不管”（…にかかわらず）は“都”あるいは“也”と,“只要”（…しさえすれば）は“就”と呼応します。

(9) 你说服不了我，我也说服不了你，那咱们就等老师回来（ 再 ）讨论吧。
Nǐ shuōfúbuliǎo wǒ, wǒ yě shuōfúbuliǎo nǐ, nà zánmen jiù děng lǎoshī huílai zài tǎolùn ba.
あなたはわたしを説得できず，わたしもあなたを説得できないので，わたしたちは先生が戻って来られてからまた検討しよう。

① 才 cái　❷ 再 zài　③ 又 yòu　④ 还 hái

副詞の問題です。「（今していることを）再び・もう一度（する）」という意味の“再”が正解です。“才”は「やっと」,“又”はすでに実現済みのことに対して用いる「また」,“还”は「さらに」です。

⑽ 刚上车的乘客，请（ 往 ）里面走。Gāng shàng chē de chéngkè, qǐng wǎng lǐmiàn zǒu.

いま乗車されたお客様は，中の方へお進みください。

① 在 zài　　❷ 往 wǎng　　③ 给 gěi　　④ 从 cóng

介詞の問題です。動作の向かう方向を表す“往”が正解です。“在”は動作が行われる場所を表し，“给”は動作の受益者を導き，“从”は動作の起点を表します。

3 語順選択

解答：(1)❷　(2)❶　(3)❹　(4)❸　(5)❸　(6)❹　(7)❹　(8)❶　(9)❷　⑽❷

1．文法上のキーワードを含む基本的な文を正確に組み立てることができるかどうかを問うています。 (2 点 × 5)

(1) わたしは毎日数時間インターネットをします。

① 我上网每天几个小时。

❷ **我每天上几个小时网。** Wǒ měi tiān shàng jǐ ge xiǎoshí wǎng.

③ 我每天几个小时上网。

④ 我上几个小时网每天。

“上网”は離合詞です。動作の継続時間は動詞の後に置き，「いつ」を表す“每天”は主語の前か後に置きます。「数時間インターネットをする」は“上几个小时网”の語順です。

(2) この本はきのう図書館から借りて来たのです。

❶ **这本书是昨天从图书馆借来的。**

Zhè běn shū shì zuótiān cóng túshūguǎn jièlai de.

② 这本书是昨天借来从图书馆的。

③ 这本书是从图书馆昨天借来的。

④ 这本书从图书馆是昨天借来的。

過去の出来事の時間・場所・方法などを強調する場合は「主語＋“是”＋強調される語句＋動詞＋“的”（＋目的語）」です。「図書館から借りて来る」は“从图书馆借来”の語順です。

⑶ 彼女は疲れて晩ごはんさえ食べずに寝てしまった。

① 她连累得晩饭也没吃就睡了。

② 她累得连晩饭没吃也就睡了。

③ 她也累得晩饭连没吃就睡了。

❹ **她累得连晩饭也没吃就睡了。** Tā lèide lián wǎnfàn yě méi chī jiù shuì le.

「疲れて…」は形容詞“累”の後に程度補語を導く“得”を付けて表現します。「…さえも…しなかった」は“连…也没…”です。

⑷ 帰るときにこの本を忘れないようにね。

① 回去的时候，别把这本书带回去忘了。

② 回去的时候，别忘了带回去把这本书。

❸ **回去的时候，别忘了把这本书带回去。**

Huíqu de shíhou, bié wàngle bǎ zhè běn shū dàihuiqu.

④ 回去的时候，别把这本书忘了带回去。

「…するのを忘れないように」は“别忘了…”,「この本を…」は介詞“把”を用いて目的語“这本书”を動詞に前置させます。

⑸ 宿題をやり終えていない学生がまだ2人います。

① 还有两个没写完作业学生。

② 没写完作业还有两个学生。

❸ **还有两个学生没写完作业。** Hái yǒu liǎng ge xuésheng méi xiěwán zuòyè.

④ 两个学生有作业还没写完。

「…の学生が2人いる」は“有两个学生…”で，“学生”を修飾する動詞句はその後に置かれ，“两个学生”の述語になります。

2. 与えられた語句を用いて正確に文を組み立てることができるかどうかを問うています。

(2点× 5)

⑹ わたしは絵を描くことに全く興味がありません。

我　② 对画画儿　③ 一点儿　[　❹ 兴趣　]　① 都　没有。

Wǒ duì huà huàr yìdiǎnr xìngqù dōu méiyǒu.

「全く（少しも）…がない」は“一点儿…都没有”の語順です。

⑺ 彼女は来年９月から半年間留学に行くそうです。

听说她从明年　① 九月开始　［　❹ 去　］　③ 留学　② 半年。

Tīngshuō tā cóng míngnián jiǔyuè kāishǐ qù liúxué bàn nián.

「来年９月から」は“从明年九月开始”，「半年間留学に行く」は“去留学半年”のように動作の行われる時間の長さを表す語を補語として動詞の後に置きます。

⑻ この机をきれいにしてください。

请　［　❶ 把　］　④ 这张桌子　② 擦　③ 干净。

Qǐng bǎ zhè zhāng zhuōzi cā gānjìng.

“把”構文の語順は「“把”＋目的語＋動詞＋その他の成分」です。介詞“把”を用いて目的語“这张桌子”を動詞句“擦干净”に前置させます。

⑼ 彼のパソコンはあなたのよりずっと高い。

他的电脑　④ 比　① 你的　③ 贵　［　❷ 多　］　了！

Tā de diànnǎo bǐ nǐ de guì duō le!

「…よりずっと…」は「“比”＋比較の対象＋形容詞＋“多了”」です。

⑽ このペンは今どこへ行っても買えません。

这种笔现在　［　❷ 到　］　① 哪儿　④ 也　③ 买不到。

Zhè zhǒng bǐ xiànzài dào nǎr yě mǎibudào.

「どこへ行っても…ない」は「“到哪儿也”＋否定の語」です。

4 長文読解

解答：(1)❷　(2)❷　(3)❹　(4)❹　(5)❶　(6)❹

まとまった内容の長文を正確に理解できるかどうかを問うています。

赵伟在杭州一家电脑公司工作。端午节放假，他回了江西老家。8 号晚上回杭州的时候，妈妈给他往旅行箱里［⑴装］了很多好吃的。爸爸给了他一个铁盒，里面有 30 多枚古钱币，［⑵有］宋朝的、明朝的，［⑵还有］清朝的，让赵伟去文物店请行家鉴定一下价值。

他的飞机半夜才到杭州，他把旅行箱放到机场大巴的行李舱里，上了车就睡着了。下车的时候匆忙拿出旅行箱回到家，打开一看：里面的东西全都变了，是几件女人的衣服和一些吃的，贵重的铁盒也不见了。

第二天早上，他拉着箱子去汽车公司求助，一位女士正在和昨天的司机说着 (3)什么 。见他进来，异口同声地问："你是来换箱子的吧？" 看到女士前面的箱子，他马上明白了。这两个旅行箱 (4)无论／不论／不管 是颜色，还是大小，几乎一模一样。他说："真对不起，昨天我 (5)又 累 (5)又 困，急着回家，拿错了箱子，给你添麻烦了。" 女士说："不能全怪你，我当时也没仔细看，(6)今天才发现拿错了。" 他们交换了箱子，后来还成了好朋友。

Zhào Wěi zài Hángzhōu yì jiā diànnǎo gōngsī gōngzuò. Duānwǔ Jié fàngjià, tā huíle Jiāngxī lǎojiā. Bā hào wǎnshang huí Hángzhōu de shíhou, māma gěi tā wǎng lǚxíngxiāng li zhuāng le hěn duō hǎochī de. Bàba gěile tā yí ge tiěhé, lǐmiàn yǒu sānshí duō méi gǔ qiánbì, yǒu Sòng Cháo de、Míng Cháo de, hái yǒu Qīng Cháo de, ràng Zhào Wěi qù wénwùdiàn qǐng hángjia jiàndìng yíxià jiàzhí.

Tā de fēijī bànyè cái dào Hángzhōu, tā bǎ lǚxíngxiāng fàngdào jīchǎng dàbā de xínglicāng li, shàngle chē jiù shuìzháo le. Xià chē de shíhou cōngmáng náchū lǚxíngxiāng huídào jiā, dǎkāi yí kàn: lǐmiàn de dōngxi quán dōu biàn le, shì jǐ jiàn nǚrén de yīfu hé yìxiē chī de, guìzhòng de tiěhé yě bújiàn le.

Dì-èr tiān zǎoshang, tā lāzhe xiāngzi qù qìchē gōngsī qiúzhù, yí wèi nǚshì zhèngzài hé zuótiān de sījī shuōzhe shénme. Jiàn tā jìnlai, yìkǒu-tóngshēng de wèn: "Nǐ shì lái huàn xiāngzi de ba?" Kàndào nǚshì qiánmiàn de xiāngzi, tā mǎshàng míngbai le. Zhè liǎng ge lǚxíngxiāng wúlùn/búlùn/bùguǎn shì yánsè, háishi dàxiǎo, jīhū yìmú-yíyàng. Tā shuō: "Zhēn duìbuqǐ, zuótiān wǒ yòu lèi yòu kùn, jízhe huí jiā, nácuòle xiāngzi, gěi nǐ tiān máfan le." Nǚshì shuō: "Bù néng quán guài nǐ, wǒ dāngshí yě méi zǐxì kàn, jīntiān cái fāxiàn nácuò le." Tāmen jiāohuànle xiāngzi, hòulái hái chéngle hǎo péngyou.

訳：趙偉は杭州のあるパソコン会社で働いている。端午の節句の休みに，彼は江西に帰省した。8日の夜に杭州に戻るとき，母は彼のためにスーツケースの中にたくさんのおいしい食べ物を詰めてくれた。父は彼に鉄の箱を渡し，その中には三十数枚の古銭貨幣が入っており，宋朝や明朝のものもあれば，清朝のものもあり，趙偉に骨董屋へ持って行って専門家にその価値を鑑定してみてもらうように頼んだ。

彼の飛行機は夜中にやっと杭州に着き，彼はスーツケースを空港のリムジンバスの荷物室に置き，乗車するとすぐに眠ってしまった。車から降りるときに慌ててスーツケースを取り出して家に帰り着いて，開けてみると，中の品物はすっかり変わっており，女性の服が数着と食べ物で，大事な鉄の箱もなくなっていた。

翌朝，彼は助けを求めようとケースを引いてバス会社へ行くと，一人の女性がちょうどきのうの運転手と何か話をしていた。彼が入って来るのを見ると，口をそろえて「スーツケースを交換に来たんでしょう？」と言った。女性の前のケースを見ると，彼はすぐにわかった。この2つのスーツケースは色と言い，大きさと言い，ほとんど同じであった。彼は「すみません。きのうわたしは疲れて眠たくて，慌てて家に帰ったので，ケースを取り間違え，ご迷惑をおかけしました」と言った。女性は「あなたのせいばかりではないわ。わたしもそのときちゃんと見てなくて，(6)きょうになって取り間違いに気づいたのよ」と言った。彼らはケースを交換し，その後仲の良い友達になった。

(1) 空欄補充 (3点)

① 入 rù　❷ 装 zhuāng　③ 送 sòng　④ 进 jìn

動詞の問題です。「(…の中へ) 詰め込む」という他動詞の“装”が正解です。“入”は「入る」という自動詞，“送”は「贈る」，“进”は「(…の) 中へ入る」です。

(2) 空欄補充 (3点)

① 是…还是… shì…háishi…　❷ 有…还有… yǒu…hái yǒu…
③ 因为…所以… yīnwei…suǒyǐ…　④ 除了…以外… chúle…yǐwài…

呼応表現の問題です。「…もあり，…もある」という意味の“有…还有…”が正解です。“是…还是…”は「…か，それとも…か」，“因为…所以…”は「…なので，だから…」，“除了…以外…”は「…以外に，…」です。

(3) 空欄補充 (3点)

① 那么 nàme　② 怎么 zěnme　③ 这么 zhème　❹ 什么 shénme

「何か」という不特定のものを表す“什么”が正解です。“那么”は「そんなに」，“怎么”は「どのように」，“这么”は「こんなに」です。

(4) 空欄補充 (不適当) (4点)

① 无论 wúlùn　② 不管 bùguǎn　③ 不论 búlùn　❹ 无关 wúguān

接続詞の問題です。「…にかかわらず」という意味の語が入ります。「…とかかわりがない」という意味の“无关”が適当ではありません。

(5) 空欄補充　(3点)

❶ 又 yòu　② 也 yě　③ 还 hái　④ 更 gèng

副詞の問題です。後に形容詞を伴い，“又…又…”という述語部分のみの繰り返しの形で「…でもあり，…でもある」という並列関係を表す“又”が正解です。“也”は「…も」，“还”は「さらに」，“更”は「いっそう」で，主語が同じで述語部分のみの繰り返しの形では使用できません。

(6) 内容不一致　(4点)

① 爸爸想知道古钱币的价值，所以给了赵伟一个铁盒。
Bàba xiǎng zhīdao gǔ qiánbì de jiàzhí, suǒyǐ gěile Zhào Wěi yí ge tiěhé.
父親は古銭貨幣の価値を知りたかったので，趙偉に鉄の箱を渡した。

② 两个旅行箱在外观上没有区别。
Liǎng ge lǚxíngxiāng zài wàiguān shang méiyǒu qūbié.
2つのスーツケースは外見上区別がなかった。

③ 赵伟和女士坐的是同一个机场大巴。
Zhào Wěi hé nǚshì zuò de shì tóng yí ge jīchǎng dàbā.
趙偉と女性が乗ったのは同じ空港リムジンバスだった。

❹ 女士晚上发现箱子错了，所以第二天早上就去了汽车公司。
Nǚshì wǎnshang fāxiàn xiāngzi cuò le, suǒyǐ dì-èr tiān zǎoshang jiù qùle qìchē gōngsī.
女性は夜ケースの間違いに気づいたので，翌朝バス会社に行った。

①は2～4行目の“爸爸给了他一个铁盒，里面有30多枚古钱币，……，让赵伟去文物店请行家鉴定一下价值”から，②は10～11行目の“这两个旅行箱无论是颜色，还是大小，几乎一模一样”から，③は12～13行目で女性が“不能全怪你，我当时也没仔细看，今天才发现拿错了”と言っていることから，荷物を間違ったのであれば趙偉と女性が同じバスに乗っていたことが分かり，それぞれ内容と一致します。④は“女士晚上发现箱子错了”となっていますが，13行目で女性が“今天才发现拿错了”と言っているので，一致しません。

5 日文中訳 (4点×5)

(1) 彼は中国でおいしい料理をたくさん食べました。

他在中国吃了很多好吃的菜。 Tā zài Zhōngguó chīle hěn duō hǎochī de cài.

「ある場所で何かをする」は，場所を導く“在”を用いて「“在”＋場所＋動詞＋目的語」の語順にします。動作の行われる場所を表す“在中国”は動詞“吃”の前に置きます。「おいしい料理」は“好吃的菜”です。

(2) わたしたちは毎日電子メールで連絡します。

我们每天用电子邮件联系。 Wǒmen měi tiān yòng diànzǐ yóujiàn liánxì.

「毎日」という時間を表す語は動詞の前に置きます。「電子メール」は“电子邮件”“伊妹儿”，「…で連絡する」は手段を表す介詞“用”を用いて“用…联系”です。

(3) よろしければ，あしたは少し早めに来てください。

要是可能的话，明天请早点儿来。

Yàoshi kěnéng dehuà, míngtiān qǐng zǎo diǎnr lái.

「(もし) …ならば」は“要是／如果…的话”，「少し早めに」の“早点儿”は動詞“来”の前に置きます。

(4) 李さんの日本語はあなたほどうまくありません。

小李的日语没有你那么好。 Xiǎo Lǐ de Rìyǔ méiyǒu nǐ nàme hǎo.

比較の否定を表す「AはBほど…ない」は「A＋“没／没有”＋比較の対象B (＋“那么”)＋形容詞」です。

(5) ここからまっすぐ南へ行ってください。

从这儿一直往南走。 Cóng zhèr yìzhí wǎng nán zǒu.

「ここから」は動作の起点を導く介詞“从”を用いて“从这儿”とします。「まっすぐ」は“一直”，「…へ (向かって)」は動作の方向を導く介詞“往”を用います。

第 107 回

(2022 年 11 月)

問　題

解答時間：計 100 分

配点：リスニング 100 点，筆記 100 点

解答と解説

リスニング （⇨解答と解説43頁）

（⇨解答と解説43頁）

03 **1** 1. (1)〜(5)の問いの答えとして最も適当なものを，①〜④の中から 1 つ選びなさい。 （25 点）

04 (1)

① ② ③ ④

05 (2)

① ② ③ ④

06 (3)

① ② ③ ④

07 (4)

① ② ③ ④

08 (5)

① ② ③ ④

09 2. (6)〜(10)の A と B の対話を聞き，それに続く A の発話として最も適当なものを，①〜④の中から 1 つ選びなさい。 （25 点）

10 (6)

① ② ③ ④

11 (7)

① ② ③ ④

12 (8)

① ② ③ ④

13 (9)

① ② ③ ④

14 (10)

① ② ③ ④

15 **2** 中国語を聞き，(1)～(10)の問いの答えとして最も適当なものを，①～④の中から 1 つ選びなさい。 (50 点)

16
23

17
24

(1)～(5)の問いは音声のみで，文字の印刷はありません。

18 (1)
25 ① ② ③ ④

19 (2)
26 ① ② ③ ④

20 (3)
27 ① ② ③ ④

21 (4)
28 ① ② ③ ④

22 (5)
29 ① ② ③ ④

30
37

31
38

32 ⑹ 山田什么时候跟父母来大阪的？

39 ① ② ③ ④

33 ⑺ 山田经常在李平家干什么？

40 ① ② ③ ④

34 ⑻ 山田在哪儿再次见到了李平？

41 ① ② ③ ④

35 ⑼ 他们想什么时候去中国旅游？

42 ① ② ③ ④

36 ⑽ 李平想去中国的什么地方旅游？

43 ① ② ③ ④

筆　記 （⇨解答と解説53頁）

1 1. (1)～(5)の中国語と声調の組み合わせが同じものを，①～④の中から1つ選びなさい。　（10点）

(1) 选择　① 原来　② 操场　③ 赞成　④ 演员

(2) 面包　① 复杂　② 胜利　③ 律师　④ 手绢

(3) 礼物　① 以前　② 解决　③ 好看　④ 方面

(4) 地球　① 内容　② 气温　③ 政治　④ 报纸

(5) 椅子　① 饺子　② 孩子　③ 包子　④ 裤子

2. (6)～(10)の中国語の正しいピンイン表記を，①～④の中から1つ選びなさい。　（10点）

(6) 乘客　① chéngkè　② chénkè　③ chéngkù　④ chénkù

(7) 邮局　① yóují　② yóujú　③ yōujú　④ yōují

(8) 关心　① gānxīn　② kuānxīn　③ guānxīn　④ kānxīn

(9) 声调　① shēntiáo　② shēndiào　③ shēngtiáo　④ shēngdiào

(10) 感冒　① kánmāo　② gǎnmāo　③ kánmào　④ gǎnmào

2 ⑴〜⑽の中国語の空欄を埋めるのに最も適当なものを，①〜④の中から１つ選びなさい。 (20点)

⑴ 每个人（　　　）有优点和缺点，我也不例外。

① 也　② 都　③ 还　④ 几乎

⑵ 这（　　　）伞很贵。

① 本　② 根　③ 条　④ 把

⑶ 出门别忘了（　　　）口罩。

① 配　② 戴　③ 穿　④ 挂

⑷（　　　）这样才能解决问题。

① 只有　② 只要　③ 即使　④ 由于

⑸ 我（　　　）学习汉语，还学习英语。

① 尽管　② 无论　③ 不仅　④ 虽然

⑹ 会议（　　　）下午五点半结束。

① 向　② 从　③ 对　④ 到

⑺ 我从来没吃（　　　）这么辣的菜。

① 过　② 着　③ 的　④ 了

⑻ 这本书，你还没看（　　　）吗？

① 出　② 来　③ 去　④ 完

⑼ 在我们班里，小李的个子最（　　　）。

① 短　② 轻　③ 矮　④ 长

⑽ 听了他的话，大家都笑（　　　）了。

① 起来　② 上来　③ 下来　④ 过去

3 1. (1)～(5)の日本語の意味に合う中国語を，①～④の中から 1 つ選びなさい。

(10 点)

(1) 王さんは毎日 1 時間テニスをします。

① 小王每天一个小时打网球。

② 小王打网球每天一个小时。

③ 小王每天打一个小时网球。

④ 小王网球每天一个小时打。

(2) わたしはこのパソコンを中国に持って行くつもりです。

① 我准备把这台电脑带去到中国。

② 我把这台电脑准备带到去中国。

③ 我把这台电脑准备带去中国到。

④ 我准备把这台电脑带到中国去。

(3) 弟はまた先生に叱られた。

① 弟弟又被老师批评了。

② 老师被弟弟又批评了。

③ 弟弟批评又被老师了。

④ 弟弟又老师被批评了。

(4) たばこは体によくないから，やはり少し控えたほうがよい。

① 抽烟不对身体好，还是几支少抽吧。

② 抽烟对身体不好，还是少抽几支吧。

③ 抽烟对身体不好，还是抽少几支吧。

④ 抽烟不对身体好，还是少几支抽吧。

(5) 向こうから 1 台の車がやってきた。

① 从对面开来一辆汽车了。

② 对面从来开了一辆汽车。

③ 从对面开来了一辆汽车。

④ 对面从来一辆汽车开了。

2. ⑹～⑽の日本語の意味になるように①～④を並べ替えたときに，[　　]内に入るものを選びなさい。　(10点)

⑹ ケーキが床に落ちて，食べられなくなった。

蛋糕＿＿＿＿ ＿＿＿＿ ＿＿＿＿ [＿＿＿＿]，不能吃了。

① 上　② 在　③ 地　④ 掉

⑺ もうすぐ夏休みになる。

＿＿＿＿ ＿＿＿＿ [＿＿＿＿] ＿＿＿＿。

① 放　② 暑假　③ 了　④ 快要

⑻ 彼女は自転車で来ました。

她 [＿＿＿＿] ＿＿＿＿ ＿＿＿＿ ＿＿＿＿的。

① 来　② 自行车　③ 骑　④ 是

⑼ 彼は字を書くのがとても上手です。

他＿＿＿＿ [＿＿＿＿] ＿＿＿＿ ＿＿＿＿好。

① 写　② 字　③ 特别　④ 得

⑽ 皆さんにお知らせすることがあります。

我＿＿＿＿ ＿＿＿＿ [＿＿＿＿] ＿＿＿＿。

① 事　② 通知　③ 一件　④ 大家

4 次の文章を読み，(1)～(6)の問いの答えとして最も適当なものを，①～④の中から1つ選びなさい。 (20点)

前几天我收到一份礼物，是我在北京留学时的朋友小张寄给我的。那是我最喜欢的歌手新出的 CD。那个歌手在中国和日本都很受欢迎，我高中的时候就开始听他的歌了。

收到朋友的礼物，我非常高兴，连续听了三[(1)]。我弟弟也很喜欢听这张 CD，他想借去听听。我还没有同意呢，他就把 CD 拿走了。我没想到的是，第二天弟弟对我说，那张 CD 不见了。看到我非常生气，弟弟哭[(2)]说自己不是故意的，要给我再买一张新的。可是这张 CD 只在中国卖，在日本根本[(3)]啊！没办法，我只好给小张[(4)]电子邮件，跟他解释了事情的经过，并请他帮我再买一张同样的 CD。

小张很快就回信说："没问题，我明天就去商店看看。那个歌手的 CD 卖得特别好，不知道还有没有，[(5)]店里还有，[(5)]一定满足你的要求。"小张还说："下次不要把自己的宝物借给别人了。"

弟弟说买新 CD 的钱他付，我说："不用了，如果有机会去北京的话，你请我吃烤鸭就行了。"弟弟说："我没有那么多钱，还是给你买 CD 吧。"

(1) 空欄(1)を埋めるのに適当なものはどれか。

① 顿　② 遍　③ 趟　④ 下

(2) 空欄(2)を埋めるのに適当なものはどれか。

① 着　② 了　③ 过　④ 的

(3) 空欄(3)を埋めるのに適当なものはどれか。

① 买不下　② 买不了　③ 买不到　④ 买不起

(4) 空欄(4)を埋めるのに適当なものはどれか。

① 打　② 送　③ 传　④ 发

(5) 2か所の空欄(5)を埋めるのに適当なものはどれか。

① 不但…而且…　② 因为…所以…　③ 只要…就…　④ 虽然…但是…

⑹ 本文の内容と一致するものはどれか。

① 弟弟在我同意之前就拿走了 CD。

② 弟弟不愿意出钱给我买新 CD。

③ 朋友不同意帮我买新 CD。

④ 弟弟以前也经常丢东西。

5 ⑴～⑸の日本語を中国語に訳し，漢字（簡体字）で書きなさい。
（漢字は崩したり略したりせずに書き，文中・文末には句読点や疑問符をつけること。）

（20 点）

⑴ わたしの家は駅から遠くはありません。

⑵ わたしは電車で学校に行きます。

⑶ わたしのパンは母に食べられてしまった。

⑷ まだ何か質問はありますか。

⑸ 机の上に 2 冊の小説が置いてあります。

リスニング

1 会 話

解答：(1) ❶　(2) ❷　(3) ❹　(4) ❷　(5) ❸　(6) ❶　(7) ❸　(8) ❹　(9) ❹　(10) ❷

1. 日常会話でよく使われる問いに対し，正確に答えることができるかどうかを問うています。 (5点×5)

04 (1) 問：你每天都去散步吗？
Nǐ měi tiān dōu qù sànbù ma?
あなたは毎日散歩に行きますか。

答：❶ 我每天晚上去散步。
Wǒ měi tiān wǎnshang qù sànbù.
わたしは毎日夜に散歩に行きます。

② 我每天都打太极拳。
Wǒ měi tiān dōu dǎ tàijíquán.
わたしは毎日太極拳をします。

③ 我也不会打太极拳。
Wǒ yě bú huì dǎ tàijíquán.
わたしも太極拳はできません。

④ 他每天都去散步。
Tā měi tiān dōu qù sànbù.
彼は毎日散歩に行きます。

05 (2) 問：你的英语作业做完了吗？
Nǐ de Yīngyǔ zuòyè zuò wánle ma?
あなたの英語の宿題は終わりましたか。

答：① 我的汉语作业做完了。
Wǒ de Hànyǔ zuòyè zuòwán le.
わたしの中国語の宿題は終わりました。

❷ 我英语作业还没做呢。
Wǒ Yīngyǔ zuòyè hái méi zuò ne.
わたしは英語の宿題はまだやっていません。

③ 今天我有两节英语课。
Jīntiān wǒ yǒu liǎng jié Yīngyǔ kè.
きょうわたしは2コマ英語の授業があります。

④ 今天我没去学校上课。
Jīntiān wǒ méi qù xuéxiào shàngkè.
きょうわたしは学校に授業を受けに行きませんでした。

06 (3) 問：你喜欢看什么电影？
Nǐ xǐhuan kàn shénme diànyǐng?
あなたはどんな映画を観るのが好きですか。

答：① 我星期六去看电影。
Wǒ xīngqīliù qù kàn diànyǐng.
わたしは土曜日に映画を観に行きます。

② 我非常喜欢看电影。
Wǒ fēicháng xǐhuan kàn diànyǐng.
わたしは映画を観るのがとても好きです。

③ 我没看过中国电影。
Wǒ méi kànguo Zhōngguó diànyǐng.
わたしは中国映画を観たことがありません。

❹ **我喜欢看美国电影。**
Wǒ xǐhuan kàn Měiguó diànyǐng.
わたしはアメリカ映画を観るのが好きです。

07 (4) 問：你今天怎么来得这么早？
Nǐ jīntiān zěnme láide zhème zǎo?
あなたきょうどうしてこんなに早く来たの？

答：① 我今天起得比较晚。
Wǒ jīntiān qǐde bǐjiào wǎn.
わたしはきょう起きるのがわりと遅かったんです。

❷ **我今天有第一节课。**
Wǒ jīntiān yǒu dì-yī jié kè.
わたしはきょう１限目に授業があります。

③ 我早上吃得太多了。
Wǒ zǎoshang chīde tài duō le.
わたしは朝たくさん食べ過ぎました。

④ 我明天想坐电车去。
Wǒ míngtiān xiǎng zuò diànchē qù.
わたしはあした，電車で行きたいです。

08 (5) 問：小李，我们去超市买东西吧。
Xiǎo Lǐ, wǒmen qù chāoshì mǎi dōngxi ba.
李さん，わたしたちはスーパーに行って買物しましょう。

答：① 超市在邮局的旁边。
Chāoshì zài yóujú de pángbiān.
スーパーは郵便局の隣にあります。

② 好，你们明天去吧。
Hǎo, nǐmen míngtiān qù ba.
いいね，あなたたちあした行きなさいよ。

❸ **不行，我现在很忙。**
Bùxíng, wǒ xiànzài hěn máng.
だめです，わたしはいま忙しいのです。

④ 谢谢你帮我买东西。
Xièxie nǐ bāng wǒ mǎi dōngxi.
買物するのを手伝ってくれてありがとう。

2. 問いと答えだけで終わるのではなく，相手の答えに対してもう一度反応を示すことができるかどうかを問うています。 (5 点× 5)

10 (6) A：明天的会议你能参加吗？
Míngtiān de huìyì nǐ néng cānjiā ma?
あしたの会議は参加できますか。

B：能，几点开始？
Néng, jǐ diǎn kāishǐ?
できますよ，何時に始まりますか。

A：❶ 下午两点。 Xiàwǔ liǎng diǎn.
午後 2 時です。

② 开两个半小时。Kāi liǎng ge bàn xiǎoshí.
2 時間半開かれます。

③ 在 205 教室开。Zài èr líng wǔ jiàoshì kāi.
205 教室で開かれます。

④ 下个星期三。 Xià ge xīngqīsān.
来週の水曜日です。

11 (7) A：我的手机呢？
Wǒ de shǒujī ne?
わたしのスマホは？

B：在桌子上呢。
Zài zhuōzi shang ne.
机の上ですね。

A：① 我的手机在书包里。
Wǒ de shǒujī zài shūbāo li.
わたしのスマホはカバンのなかにあります。

② 他的手机忘在电车上了。
Tā de shǒujī wàngzài diànchē shang le.
彼のスマホは電車に忘れてしまいました。

❸ 那不是我的，是我哥哥的。
Nà bú shì wǒ de, shì wǒ gēge de.
それはわたしのではなく，兄のです。

④ 我想买一个新手机。
Wǒ xiǎng mǎi yí ge xīn shǒujī.
わたしは新しいスマホを 1 つ買いたい。

12 (8) A：学校附近的那家咖啡馆怎么样？
Xuéxiào fùjìn de nà jiā kāfēiguǎn zěnmeyàng?
学校の近くのあのカフェはどうですか。

B：不知道，我还没去过呢。
Bù zhīdào, wǒ hái méi qùguo ne.
知りません，わたしはまだ行ったことがありません。

A：① 那家的咖啡又好喝又便宜。
Nà jiā de kāfēi yòu hǎohē yòu piányi.
あそこのコーヒーはおいしくて安いよ。

② 我不喜欢在那家咖啡馆喝咖啡。
Wǒ bù xǐhuan zài nà jiā kāfēiguǎn hē kāfēi.
わたしはあのカフェでコーヒーを飲みたくありません。

	③ 那家咖啡馆每天六点开门。 Nà jiā kāfēiguǎn měi tiān liù diǎn kāimén.	あのカフェは毎日6時に開店します。
	❹ **那明天咱们一起去看看吧!** Nà míngtiān zánmen yìqǐ qù kànkan ba!	ではあしたわたしたち一緒に見に行ってみましょう。
13 (9)	A：十点多了，我得回家了。 Shí diǎn duō le, wǒ děi huí jiā le.	10時過ぎだから，家に帰らなくてはなりません。
	B：再坐一会儿吧。 Zài zuò yíhuìr ba.	まだ少しゆっくりしていきなさいよ。
	A：① 我每天坐地铁回家。 Wǒ měi tiān zuò dìtiě huí jiā.	わたしは毎日地下鉄で家に帰ります。
	② 我们一起吃午饭吧。 Wǒmen yìqǐ chī wǔfàn ba.	わたしたち一緒にお昼ごはんを食べましょう。
	③ 我们今天四点回家。 Wǒmen jīntiān sì diǎn huí jiā.	わたしたちはきょう4時に家に帰ります。
	❹ **我得给孩子做午饭。** Wǒ děi gěi háizi zuò wǔfàn.	子どもに昼ごはんを作ってあげなければならないんです。
14 (10)	A：你下星期天打算干什么? Nǐ xià xīngqītiān dǎsuan gàn shénme?	あなたはこんどの日曜日何をするつもりですか。
	B：我去看足球比赛，你呢? Wǒ qù kàn zúqiú bǐsài, nǐ ne?	わたしはサッカーの試合を観に行きますが，あなたは？
	A：① 那个电视很有意思。 Nàge diànshì hěn yǒu yìsi.	あのテレビはとても面白い。
	❷ **我想去图书馆借书。** Wǒ xiǎng qù túshūguǎn jiè shū.	わたしは図書館に行って本を借りるつもりです。
	③ 踢足球能锻炼身体。 Tī zúqiú néng duànliàn shēntǐ.	サッカーをすることで体を鍛えることができます。
	④ 我打排球打得很好。 Wǒ dǎ páiqiú dǎde hěn hǎo.	わたしはバレーボールが上手です。

2 長文聴解

解答：(1)❷　(2)❹　(3)❸　(4)❸　(5)❶　(6)❷　(7)❹　(8)❷　(9)❶　(10)❸

(5点×5)

16	A：姐姐，你能借我一万日元吗?	Jiějie, nǐ néng jiè wǒ yíwàn rìyuán ma?
	B：你借钱干什么?	Nǐ jiè qián gàn shénme?
	A：(2)我想买一个新书包。	Wǒ xiǎng mǎi yí ge xīn shūbāo.
	B：(1)你的黑书包是上个月刚买的吧!	Nǐ de hēi shūbāo shì shàng ge yuè gāng mǎi de ba!
	A：对，(3)不过那个书包太大了。	Duì, búguò nàge shūbāo tài dà le.
	B：你看我的书包怎么样?	Nǐ kàn wǒ de shūbāo zěnmeyàng?
	A：你的书包虽然不大，可我不喜欢红色的。	Nǐ de shūbāo suīrán bú dà, kě wǒ bù xǐhuan hóngsè de.
	B：背这个书包很方便。	Bēi zhège shūbāo hěn fāngbiàn.
17	A：(4)我觉得你的书包样子也不太好。	Wǒ juéde nǐ de shūbāo yàngzi yě bú tài hǎo.
	B：但很好用啊。钱包、手机、电脑都能放在里面。	Dàn hěn hǎoyòng a. Qiánbāo、shǒujī、diànnǎo dōu néng fàngzài lǐmiàn.
	A：那我用你的，你怎么办?	Nà wǒ yòng nǐ de, nǐ zěnme bàn?
	B：我想下个星期去买一个新的。	Wǒ xiǎng xià ge xīngqī qù mǎi yí ge xīn de.
	A：你有那么多钱吗?	Nǐ yǒu nàme duō qián ma?
	B：(5)我让爸爸给我买。	Wǒ ràng bàba gěi wǒ mǎi.
	A：那我也让爸爸给我买。	Nà wǒ yě ràng bàba gěi wǒ mǎi.
	B：爸爸不会同意的。	Bàba bú huì tóngyì de.
	A：为什么?	Wèi shénme?
	B：因为你的书包是新买的。	Yīnwei nǐ de shūbāo shì xīn mǎi de.

訳：

A：お姉ちゃん，ぼくに1万円を貸してくれない？

B：お金を借りてどうするの？

A：(2)新しいカバンを買いたいんだ。

B：(1)あなたの黒いカバンは先月買ったばかりじゃないの！

A：そうだよ，(3)だけどあのカバンは大きすぎるんだ。
B：ほらわたしのこのカバンはどう？
A：お姉ちゃんのカバンは大きくはないけど，ぼくは赤いのが好きじゃないんだ。
B：このカバンは使うとすごく便利よ。
A：(4)カバンのデザインもあまりよくないと思う。
B：だけど使いやすいよ。財布とか，スマホとか，パソコンもみんな入るよ。
A：じゃあぼくはお姉ちゃんのを使うけど，お姉ちゃんはどうするの？
B：わたしは来週新しいのを買いに行くつもりよ。
A：お姉ちゃんはそんなにたくさんお金を持っているの？
B：(5)お父さんに買ってもらうの。
A：じゃあぼくもお父さんに買ってもらおう。
B：お父さんが認めるはずがないよ。
A：どうして？
B：あなたのカバンは買ったばかりだから。

18 (1) 問：弟弟的书包是什么时候买的?
Dìdi de shūbāo shì shénme shíhòu mǎi de?
弟のカバンはいつ買ったのですか。

答：① 上星期。Shàng xīngqī.　先週。

❷ 上个月。Shàng ge yuè.　先月。

③ 下星期。Xià xīngqī.　来週。

④ 下个月。Xià ge yuè.　来月。

19 (2) 問：弟弟要买什么?
Dìdi yào mǎi shénme?
弟は何を買いたいと思っていますか。

答：① 他想买一台电脑。
Tā xiǎng mǎi yì tái diànnǎo.
弟はパソコンを1台買いたがっている。

② 他想买一个手机。
Tā xiǎng mǎi yí ge shǒujī.
弟はスマホを1台買いたがっている。

③ 他想买一个钱包。
Tā xiǎng mǎi yí ge qiánbāo.
弟はサイフを1つ買いたがっている。

❹ 他想买一个书包。
Tā xiǎng mǎi yí ge shūbāo.
弟はカバンを1つ買いたがっている。

20 (3) 問：弟弟为什么不喜欢现在的书包？ Dìdi wèi shénme bù xǐhuan xiànzài de shūbāo?

弟はどうして今のカバンが気に入らないのですか。

答：① 因为现在的书包颜色不好。
Yīnwei xiànzài de shūbāo yánsè bù hǎo.

今のカバンは色が良くないから。

② 因为现在的书包样子不好。
Yīnwei xiànzài de shūbāo yàngzi bù hǎo.

今のカバンはデザインがよくないから。

❸ **因为现在的书包太大了。**
Yīnwei xiànzài de shūbāo tài dà le.

今のカバンは大きすぎるから。

④ 因为现在的书包太小。
Yīnwei xiànzài de shūbāo tài xiǎo.

今のカバンは小さすぎるから。

21 (4) 問：弟弟觉得姐姐的书包怎么样？
Dìdi juéde jiějie de shūbāo zěnmeyàng?

弟は姉のカバンをどう思っていますか。

答：① 觉得很便宜。Juéde hěn piányi.

とても安いと思っている。

② 觉得不方便。Juéde bù fāngbiàn.

不便だと思っている。

❸ **觉得样子不太好。**
Juéde yàngzi bú tài hǎo.

デザインがあまりよくないと思っている。

④ 觉得颜色很漂亮。
Juéde yánsè hěn piàoliang.

色がとてもきれいだと思っている。

22 (5) 問：姐姐打算让谁买新书包？
Jiějie dǎsuan ràng shéi mǎi xīn shūbāo?

姉は誰に新しいカバンを買ってもらうつもりですか。

答：❶ **让爸爸买。**Ràng bàba mǎi.

父に買ってもらう。

② 让爷爷买。Ràng yéye mǎi.

祖父に買ってもらう。

③ 让妈妈买。Ràng māma mǎi.

母に買ってもらう。

④ 让弟弟买。Ràng dìdi mǎi.

弟に買ってもらう。

山田君は大阪を離れて以来連絡が途絶えていた幼なじみの李君にアルバイト先で再び出会います。

(5点×5)

30 我叫山田一郎，是大学一年级的学生。我两岁的时候跟父母一起住在东京。(6)十二岁的时候，我们搬到了大阪。在大阪我认识了一个叫李平的朋友，他是北京人，他四岁的时候就来日本了，日语说得非常好，也很喜欢日本的动画片。(7)我经常去他家和他一起玩儿游戏、做作业。我还在他家吃过饭呢，他妈妈做的中国菜很好吃。我十四岁的时候我们家离开了大阪，我们就没有联系了。

31 上大学以后，我开始学习汉语，为了提高汉语水平，去年寒假(8)我去了一家中国饭馆儿打工，没想到在那儿见到了李平。再次见面，我们都很高兴。(9)我打算明年暑假和他一起去中国。(10)他想去南京和西安，可是我想去北京和上海。虽然还没有最后决定去哪儿，但是我已经准备好了去旅游的钱。

Wǒ jiào Shāntián Yīláng, shì dàxué yī niánjí de xuésheng. Wǒ liǎng suì de shíhou gēn fùmǔ yìqǐ zhùzài Dōngjīng. Shí'èr suì de shíhou, wǒmen bāndàole Dàbǎn. Zài Dàbǎn wǒ rènshile yí ge jiào Lǐ Píng de péngyou, tā shì Běijīngrén, tā sì suì de shíhou jiù lái Rìběn le, Rìyǔ shuōde fēicháng hǎo, yě hěn xǐhuan Rìběn de dònghuàpiàn. Wǒ jīngcháng qù tā jiā hé tā yìqǐ wánr yóuxì、zuò zuòyè. Wǒ hái zài tā jiā chīguo fàn ne, tā māma zuò de Zhōngguó cài hěn hàochī. Wǒ shísì suì de shíhou wǒmen jiā líkāile Dàbǎn, wǒmen jiù méiyǒu liánxì le.

Shàng dàxué yǐhòu, wǒ kāishǐ xuéxí Hànyǔ, wèile tígāo Hànyǔ shuǐpíng, qùnián hánjià wǒ qùle yì jiā Zhōngguó fànguǎnr dǎgōng, méi xiǎngdào zài nàr jiàndàole Lǐ Píng. Zàicì jiànmiàn, wǒmen dōu hěn gāoxìng. Wǒ dǎsuan míngnián shǔjià hé tā yìqǐ qù Zhōngguó. Tā xiǎng qù Nánjīng hé Xī'ān, kěshì wǒ xiǎng qù Běijīng hé Shànghǎi. Suīrán hái méiyou zuìhòu juédìng qù nǎr, dànshì wǒ yǐjīng zhǔnbèihǎole qù lǚyóu de qián.

訳：わたしは山田一郎と言い，大学 1 年生です。わたしは 2 歳まで両親といっしょに東京に住んでいました。(6)12 歳の時，わたしたちは大阪に引っ越してきました。大阪で李平という名前の友達と知り合いになりました。彼は北京出身で，4 歳の時に日本に来たので日本語がとても上手で，日本のアニメもすきでした。(7)わたしたちはよく彼の家で一緒にゲームをしたり，宿題をしたりしました。わたしはまた李さんの家でごはんを食べたことがあります。彼のお母さんの中国料理はとてもおいしかったです。わたしが 14 歳の時にわたしたち家族が大阪を離れると，彼とは連絡が途絶えました。

大学に入ってから，わたしは中国語を学び始めました。中国語のレベルを上げるために，昨年の冬休みにある(8)中国料理のお店にアルバイトに行くと，思いがけずそこで李平さんに会いました。ふたたび出会って，わたしたちはともに喜びました。(9)わたしは来年の夏休みに李さんといっしょに中国に行くつもりです。(10)李さんは南京と西安に行きたいと思っていますが，わたしは北京と上海に行きたいと思っています。まだ最終的にはどこに行くかは決まっていませんが，わたしはすでに旅行に行くお金は準備してあります。

32 (6) 問：山田什么时候跟父母来大阪的？
Shāntián shénme shíhou gēn fùmǔ lái Dàbǎn de?
山田さんはいつ両親と大阪に来ましたか。

答：① 十一岁的时候。Shíyī suì de shíhou.　11 歳の時。

❷ 十二岁的时候。Shí'èr suì de shíhou.　12 歳の時。

③ 十四岁的时候。Shísì suì de shíhou.　14 歳の時。

④ 十八岁的时候。Shíbā suì de shíhou.　18 歳の時。

33 (7) 問：山田经常在李平家干什么？
Shāntián jīngcháng zài Lǐ Píng jiā gàn shénme?
山田さんは李平さんの家でよく何をしましたか。

答：① 跟李平一起看动画片。
Gēn Lǐ Píng yìqǐ kàn dònghuàpiàn.
李平さんといっしょにアニメを観た。

② 跟李平一起学习汉语。
Gēn Lǐ Píng yìqǐ xuéxí Hànyǔ.
李平さんといっしょに中国語を勉強した。

③ 跟李平学习做中国菜。
Gēn Lǐ Píng xuéxí zuò Zhōngguó cài.
李平さんに中国料理を習った。

❹ 跟李平一起玩儿游戏。
Gēn Lǐ Píng yìqǐ wánr yóuxì.
李平さんといっしょにゲームをした。

34 (8) 問：山田在哪儿再次见到了李平？
Shāntián zài nǎr zàicì jiàndàole Lǐ Píng?
山田さんはどこで李平さんと再会しましたか。

答：① 在他们大学的中文课上。
Zài tāmen dàxué de Zhōngwén kèshang.
彼らの大学の中国語の授業で。

❷ 在他打工的中国饭馆儿。
Zài tā dǎgōng de Zhōngguó fànguǎnr.
彼がアルバイトをしていた中国料理の店で。

③ 在李平打工的日本饭馆儿。
Zài Lǐ Píng dǎgōng de Rìběn fànguǎnr.
李平さんがアルバイトをしていた日本料理の店で。

④ 在去中国旅游的飞机上。
Zài qù Zhōngguó lǚyóu de fēijī shang.
中国へ旅行に行く飛行機の中で。

35 (9) 問：他们想什么时候去中国旅游？
Tāmen xiǎng shénme shíhou qù Zhōngguó lǚyóu?
彼らはいつ中国に旅行に行くつもりですか。

答：❶ **明年暑假。Míngnián shǔjià.** 来年の夏休み。

② 明年寒假。Míngnián hánjià. 来年の冬休み。

③ 今年暑假。Jīnnián shǔjià. ことしの夏休み。

④ 今年寒假。Jīnnián hánjià. ことしの冬休み。

36 ⑽ 問：李平想去中国的什么地方旅游？
Lǐ Píng xiǎng qù Zhōngguó de shénme dìfang lǚyóu?
李平さんは中国のどこへ旅行に行きたがっていますか。

答：① 北京和上海。Běijīng hé Shànghǎi. 北京と上海。

② 北京和西安。Běijīng hé Xī'ān. 北京と西安。

❸ **南京和西安。Nánjīng hé Xī'ān.** 南京と西安。

④ 上海和南京。Shànghǎi hé Nánjīng. 上海と南京。

筆　記

1 ピンイン表記・声調

解答：1.(1)❹　(2)❸　(3)❸　(4)❶　(5)❶　2.(6)❶　(7)❷　(8)❸　(9)❹　(10)❹

1．2音節の単語の声調パターンが身に付いているかどうかを問うています。単語を覚えるときは，漢字の書き方や意味だけでなしに声調もしっかり身に付けましょう。

（2点×5）

(1) 选择 xuǎnzé（選択する）
① 原来 yuánlái（もともと）
② 操场 cāochǎng（運動場）
③ 赞成 zànchéng（賛成する）
❹ 演员 yǎnyuán（俳優）

(2) 面包 miànbāo（パン）
① 复杂 fùzá（複雑だ）
② 胜利 shènglì（勝利する）
❸ 律师 lǜshī（弁護士）
④ 手绢 shǒujuàn（ハンカチ）

(3) 礼物 lǐwù（プレゼント）
① 以前 yǐqián（以前）
② 解决 jiějué（解決する）
❸ 好看 hǎokàn（きれいだ）
④ 方面 fāngmiàn（方面）

(4) 地球 dìqiú（地球）
❶ 内容 nèiróng（内容）
② 气温 qìwēn（気温）
③ 政治 zhèngzhì（政治）
④ 报纸 bàozhǐ（新聞）

(5) 椅子 yǐzi（椅子）
❶ 饺子 jiǎozi（ギョーザ）
② 孩子 háizi（子ども）
③ 包子 bāozi（パオズ，中華まんじゅう）
④ 裤子 kùzi（ズボン）

2. ピンインを正確に覚えているかどうかを問うています。正しく発音することができるかどうかは，ピンインによるチェックが効果的です。 (2点×5)

(6) 乘客（乗客）

❶ chéngkè　② chénkè　③ chéngkù　④ chénkù

(7) 邮局（郵便局）

① yóují　**❷ yóujú**　③ yōujú　④ yōují

(8) 关心（気にかける）

① gānxīn　② kuānxīn　**❸ guānxīn**　④ kānxīn

(9) 声调（声調）

① shēntiáo　② shēndiào　③ shēngtiáo　**❹ shēngdiào**

(10) 感冒（風邪）

① kánmāo　② gǎnmāo　③ kánmào　**❹ gǎnmào**

2 空欄補充

解答：(1)❷　(2)❹　(3)❷　(4)❶　(5)❸　(6)❹　(7)❶　(8)❹　(9)❸　(10)❶

空欄に入る語はいずれも文法上のキーワードです。 (2点×10)

(1) 每个人（ 都 ）有优点和缺点，我也不例外。
Měi ge rén dōu yǒu yōudiǎn hé quēdiǎn, wǒ yě bú lìwài.
すべての人に長所と短所があるが，わたしも例外ではない。

① 也 yě　❷ 都 dōu　③ 还 hái　④ 几乎 jīhū

副詞の問題です。“每”と呼応して用いられる“都”を選びます。“也”は「…も」，“还”は「まだ，さらに」，“几乎”は「ほとんど」です。

(2) 这（ 把 ）伞很贵。
Zhè bǎ sǎn hěn guì.
この傘はとても高い。

① 本 běn　② 根 gēn　③ 条 tiáo　❹ 把 bǎ

量詞の問題です。取っ手や握りのあるものを数える“把”を選びます。“本”は本や辞書などを，“根”は箸など細長いものを，“条”はスカートやズボン，または細長いものを数えます。

(3) 出门别忘了（ 戴 ）口罩。 Chūmén bié wàngle dài kǒuzhào.

出かけるときはマスクを忘れずに。

① 配 pèi　❷ 戴 dài　③ 穿 chuān　④ 挂 guà

動詞と名詞の組み合わせの問題です。「マスクをする」は動詞“戴”を用います。“配”は「配合する」，“穿”はシャツやズボンを「着る，穿く」，“挂”は絵などを「掛ける」です。

(4)（ 只有 ）这样才能解决问题。 Zhǐyǒu zhèyàng cái néng jiějué wèntí.

こうすることではじめて問題が解決できる。

❶ 只有 zhǐyǒu　② 只要 zhǐyào　③ 即使 jíshǐ　④ 由于 yóuyú

接続詞の問題です。“才”と呼応して「…してはじめて」と不可欠な条件を表す“只有”を選びます。“只要”は“就”と呼応して「…しさえすれば」と必要な条件を，“即使”は“也”と呼応して「たとえ…でも」と仮定を，“由于”は理由の「…なので」を表します。

(5) 我（ 不仅 ）学习汉语，还学习英语。 Wǒ bùjǐn xuéxí Hànyǔ, hái xuéxí Yīngyǔ.

わたしは中国語だけでなく，英語も勉強している。

① 尽管 jǐnguǎn　② 无论 wúlùn　❸ 不仅 bùjǐn　④ 虽然 suīrán

接続詞の問題です。後半に“还”を伴い「…だけでなく」を表す“不仅”を選びます。“尽管”は多く後ろに逆接を示す接続詞や副詞を伴って「…ではあるけれども」，“无论”は“都”と呼応して「たとえ…であっても」，“虽然”は「…ではあるけれど」と譲歩を表します。

(6) 会议（ 到 ）下午五点半结束。 Huìyì dào xiàwǔ wǔ diǎn bàn jiéshù.

会議は5時半に終わる。

① 向 xiàng　② 从 cóng　③ 对 duì　❹ 到 dào

適切な介詞を選ぶ問題です。「…まで」という到達時刻を表す“到”を選びます。“向”は「…に向かって」という動作の方向を，“从”は「…から」という時間・場所の起点を，“对”は「…に対して，…について」と動作の対象を導きます。

⑺ 我从来没吃（ 过 ）这么辣的菜。
Wǒ cónglái méi chīguo zhème là de cài.

わたしはこれまでこんなに辛い料理は食べたことがない。

❶ 过 guo　② 着 zhe　③ 的 de　④ 了 le

副詞“没”で否定することのできる経験を表す“过”を選びます。“着”は「…ている」という持続を，“的”は修飾関係や所有を，“了”は完了を表します。なお，否定副詞“没”は同時に“了”を用いることはできません。

⑻ 这本书，你还没看（ 完 ）吗？
Zhè běn shū, nǐ hái méi kànwán ma?

この本は，あなたはまだ読み終えていないの？

① 出 chū　② 来 lái　③ 去 qù　❹ 完 wán

補語の問題です。「終える」ことを表す“完”を選びます。“出”は動作が内から外に出る，あるいは識別されることを表します。“来”と“去”は動作の方向を表します。

⑼ 在我们班里，小李的个子最（ 矮 ）。
Zài wǒmen bānli, Xiǎo Lǐ de gèzi zuì ǎi.

わたしたちのクラスで李さんがいちばん背が低い。

① 短 duǎn　② 轻 qīng　❸ 矮 ǎi　④ 长 cháng

形容詞の問題です。人の背丈を表す“个子”を形容する“矮”を選びます。“短”は空間的・時間的に「短い」ことを，“轻”は数や量が「少ない」ことを，“长”は空間的・時間的に「長い」ことを表します。

⑽ 听了他的话，大家都笑（ 起来 ）了。
Tīngle tā de huà, dàjiā dōu xiàoqilai le.

彼の話を聞いて，みんな笑い出した。

❶ 起来 qilai　② 上来 shanglai　③ 下来 xialai　④ 过去 guoqu

複合方向補語の派生的な用法の問題です。“起来”「…し始める」は動作の開始や状況が始まり，そのまま持続することを表します。“上来”「上がってくる」「現れる」，“下来”「…し続ける」「静止に向かう」は動作の完成や結果を，“过去”「過ぎていく」は持続していくことを表しますが，いずれも“笑”の後ろに続く方向補語として適当ではありません。

3 語順選択

解答：(1) ❸　(2) ❹　(3) ❶　(4) ❷　(5) ❸　(6) ❶　(7) ❷　(8) ❹　(9) ❶　(10) ❸

1. 文法上のキーワードを含む基本的な文を正確に組み立てることができるかどうかを問うています。　(2点×5)

(1) 王さんは毎日1時間テニスをします。

① 小王每天一个小时打网球。
② 小王打网球每天一个小时。
❸ **小王每天打一个小时网球。** Xiǎo Wáng měi tiān dǎ yí ge xiǎoshí wǎngqiú.
④ 小王网球每天一个小时打。

「毎日」という時点を表す要素は主語の後ろに置きます。また「1時間」という時間の量を表す要素は，補語として動詞“打”の後ろに置き，目的語の名詞“网球”は補語である時間量を表す語の後ろに置きます。

(2) わたしはこのパソコンを中国に持って行くつもりです。

① 我准备把这台电脑带去到中国。
② 我把这台电脑准备带到去中国。
③ 我把这台电脑准备带去中国到。
❹ **我准备把这台电脑带到中国去。**
Wǒ zhǔnbèi bǎ zhè tái diànnǎo dàidào Zhōngguó qù.

“把”構文の問題です。“把”を用いて目的語を動詞の前に出し，その目的語にどのような処置をしたかを強調します。「…するつもりだ」を表す“准备”は主語の後ろに置きます。動詞には付加成分が必要です。この文では“这台电脑”が目的語となり，さらに動詞にも“带到”と補語が付加されています。

(3) 弟はまた先生に叱られた。

❶ **弟弟又被老师批评了。** Dìdi yòu bèi lǎoshī pīpíng le.
② 老师被弟弟又批评了。
③ 弟弟批评又被老师了。
④ 弟弟又老师被批评了。

受身文では介詞“被”の後に行為者を置き，動詞には必ず付加成分が必要です。この文では動詞“批评”の後ろに完了のアスペクトを示す助詞“了”が付いています。また副詞“又”は介詞フレーズの前に置きます。

(4) たばこは体によくないから，やはり少し控えたほうがよい。

① 抽烟不对身体好，还是几支少抽吧。

❷ **抽烟对身体不好，还是少抽几支吧。**

Chōu yān duì shēntǐ bù hǎo, háishi shǎo chōu jǐ zhī ba.

③ 抽烟对身体不好，还是抽少几支吧。

④ 抽烟不对身体好，还是少几支抽吧。

「…にとってよくない」は，“不对…好”ではなく，“对…不好”の語順です。また，副詞“少”は，動詞“抽”の前に置き，目的語“几支”は動詞の後ろに置きます。“支”は“烟”（たばこ）を数える助数詞で“几支”は「何本かの（たばこ）」。

(5) 向こうから１台の車がやってきた。

① 从对面开来一辆汽车了。

② 对面从来开了一辆汽车。

❸ **从对面开来了一辆汽车。**Cóng duìmiàn kāiláile yí liàng qìchē.

④ 对面从来一辆汽车开了。

存現文のうち，出現を表す文です。日本語の「…が」にあたる成分“一辆汽车”が動詞の後ろに置かれます。「場所・時間＋出現を表す動詞＋その他の成分＋出現する人・モノ」の語順です。意味上の主語が動詞の後に来ることに注意しましょう。

2. 与えられた語句を用いて正確に文を組み立てることができるかどうかを問うています。 (2点×5)

(6) ケーキが床に落ちて，食べられなくなった。

蛋糕　④ 掉　② 在　③ 地　[　❶ 上　]，不能吃了。

Dàngāo diàozài dìshang, bù néng chī le.

着点を示す補語の問題です。「床」を表す“地”は「落ちる」という意味の動詞“掉”が行われる場所ではなく，“掉”の結果として帰着する場所を表します。“掉”の後ろに“在”を置き，その後ろに着点である“地”を置きます。“地”が場所であることを示す“上”を後ろに付加します。

(7) もうすぐ夏休みになる。

④ 快要　① 放 ［ ❷ 暑假 ］ ③ 了。

Kuàiyào fàng shǔjià le.

“快要…了”は「もうすぐ…になる」という事態の出現が差し迫っていることを表す表現で，“快要”と“了”の間にこれから発生する事態である“放暑假”を入れます。

(8) 彼女は自転車で来ました。

她 ［ ❹ 是 ］ ③ 骑　② 自行车　① 来　的。

Tā shì qí zìxíngchē lái de.

“是…的”構文です。すでに実現した動作の主体・時間・場所・方式・目的などを強調する形式は“是…的”で，強調する成分は“是”の後ろに置きます。「自転車で来る」は連動文で，前の動詞フレーズ“骑自行车”が後の“来”がどのような方法や手段で行われるかを表しています。

(9) 彼は字を書くのがとても上手です。

他　② 字 ［ ❶ 写 ］ ④ 得　③ 特别　好。Tā zì xiěde tèbié hǎo.

様態補語の問題です。「…のしかたが…だ」という様態補語は「動詞＋“得”＋形容詞句」の語順で“写得特别好”です。“他写字写得特别好。”と動詞を繰り返してもかまいません。

(10) 皆さんにお知らせすることがあります。

我　② 通知　④ 大家 ［ ❸ 一件 ］ ① 事。

Wǒ tōngzhī dàjiā yí jiàn shì.

二重目的語の問題です。“通知”は二重目的語をとる動詞で，動詞の後ろに「…に」にあたる間接目的語（主に人），その後ろに「…を」にあたる直接目的語（主にモノ）を置きます。直接目的語は不定の要素をとり，「数詞＋量詞＋名詞」の語順で“一件事”とします。

4 長文読解

解答：(1)❷　(2)❶　(3)❸　(4)❹　(5)❸　(6)❶

まとまった内容の長文を正確に理解できるかどうかを問うています。

前几天我收到一份礼物，是我在北京留学时的朋友小张寄给我的。那是我最喜欢的歌手新出的 CD。那个歌手在中国和日本都很受欢迎，我高中的时候就开始听他的歌了。

收到朋友的礼物，我非常高兴，连续听了三[(1)遍]。我弟弟也很喜欢听这张 CD，他想借去听听。(6)我还没有同意呢，他就把 CD 拿走了。我没想到的是，第二天弟弟对我说，那张 CD 不见了。看到我非常生气，弟弟哭[(2)着]说自己不是故意的，要给我再买一张新的。可是这张 CD 只在中国卖，在日本根本[(3)买不到]啊！没办法，我只好给小张[(4)发]电子邮件，跟他解释了事情的经过，并请他帮我再买一张同样的 CD。

小张很快就回信说："没问题，我明天就去商店看看。那个歌手的 CD 卖得特别好，不知道还有没有，[(5)只要]店里还有，[(5)就]一定满足你的要求。" 小张还说："下次不要把自己的宝物借给别人了。"

弟弟说买新 CD 的钱他付，我说："不用了，如果有机会去北京的话，你请我吃烤鸭就行了。" 弟弟说："我没有那么多钱，还是给你买 CD 吧。"

Qián jǐ tiān wǒ shōudào yí fèn lǐwù, shì wǒ zài Běijīng liúxué shí de péngyou Xiǎo Zhāng jìgěi wǒ de. Nà shì wǒ zuì xǐhuan de gēshǒu xīn chū de CD. Nàge gēshǒu zài Zhōngguó hé Rìběn dōu hěn shòu huānyíng, wǒ gāozhōng de shíhou jiù kāishǐ tīng tā de gē le.

Shōudào péngyou de lǐwù, wǒ fēicháng gāoxìng, liánxù tīngle sān [biàn]. Wǒ dìdi yě hěn xǐhuan tīng zhè zhāng CD, tā xiǎng jièqu tīngting. Wǒ hái méiyou tóngyì ne, tā jiù bǎ CD názǒu le. Wǒ méi xiǎngdào de shì, dì-èr tiān dìdi duì wǒ shuō, nà zhāng CD bújiàn le. Kàndào wǒ fēicháng shēngqì, dìdi kū[zhe] shuō zìjǐ bú shì gùyì de, yào gěi wǒ zài mǎi yì zhāng xīn de. Kěshì zhè zhāng CD zhǐ zài Zhōngguó mài, zài Rìběn gēnběn [mǎibudào] a! Méi bànfǎ, wǒ zhǐhǎo gěi Xiǎo Zhāng [fā] diànzǐ yóujiàn, gēn tā jiěshìle shìqing de jīngguò, bìng qǐng tā bāng wǒ zài mǎi yì zhāng tóngyàng de CD.

Xiǎo Zhāng hěn kuài jiù huíxìn shuō: "Méi wèntí, wǒ míngtiān jiù qù shāngdiàn kànkan. Nàge gēshǒu de CD màide tèbié hǎo, bù zhīdào hái yǒu méi yǒu, [zhǐyào] diànli hái yǒu, [jiù] yídìng mǎnzú nǐ de yāoqiú." Xiǎo Zhāng hái shuō: "Xià cì búyào bǎ zìjǐ de bǎowù jiègěi biéren le."

Dìdi shuō mǎi xīn CD de qián tā fù, wǒ shuō: "Búyòng le, rúguǒ yǒu jīhui qù Běijīng dehuà, nǐ qǐng wǒ chī kǎoyā jiù xíng le." Dìdi shuō: "Wǒ méiyǒu nàme duō qián, háishi gěi nǐ mǎi CD ba."

訳：数日前，わたしは１つのプレゼントを受け取ったが，それはわたしが北京に留学していた時の友人である張さんがわたしに郵送してくれたものだった。それはわたしが最も好きな歌手が新しく出したCDだった。その歌手は中国と日本で人気があり，わたしが高校生の時にもう彼の歌を聴き始めていた。

友人のプレゼントを受け取り，わたしはとても嬉しくなって，３回連続で聴いた。弟もこのCDを聴くのが好きで，彼も借りて聴きたがっていた。(6)わたしがまだ同意もしていないのに，彼はそのCDを持っていってしまった。思いもよらないことに，その翌日に弟は，そのCDがなくなってしまったとわたしに言ったのだ。わたしが激しく怒っているのをみて，わざとではないと弟は泣きながら言い，わたしにもう１枚新しいのを買おうとした。しかしこのCDは中国でしか売っておらず，日本では全く買えなかったのである。どうしようもなくて，わたしは仕方なく張さんにメールを送り，ことの次第を釈明し，あわせてもう一枚同じCDを買ってくれるようお願いしたのだった。

張さんはすぐに返事をくれて言った。「大丈夫です，あしたお店に行って見てみます。その歌手のCDはとりわけ売れ行きがよく，まだあるか分からないけど，お店にありさえすれば，必ずあなたの要望を満たすようにしますよ。」張さんはさらに「この次は自分の宝物を人に貸してはいけないよ」とも言った。

弟は新しいCDを買うお金を自分で払うと言ったが，わたしは言った。「いらないよ，もし北京に行く機会があったら，北京ダックをごちそうしてくれればいいから。」弟は言った。「ぼくにはそんなにたくさんのお金はないから，やっぱりCDを買ってあげますよ。」

(1) 空欄補充 (3点)

① 顿 dùn　　❷ 遍 biàn　　③ 趟 tàng　　④ 下 xià

動量詞の問題です。「読む」や「聴く」といった始めから終わりまでの動作の回数を数える"遍"を選びます。"顿"は食事や罵倒する動作の回数を，"趟"は人や車の往復する回数を，"下"は素早い動作を数えます。

(2) 空欄補充　(3点)

❶ 着 zhe　② 了 le　③ 过 guo　④ 的 de

助詞の問題です。動詞の後について動作・状態の持続を表す“着”を選びます。同一主語が2つの動詞を伴う場合に前の動詞に“着”がつき，後の動作がどのような状態のもとに行われるかを表します。“了”は動作の完了を，“过”は動作の経験を，“的”は「…の」と修飾，所有を表します。

(3) 空欄補充　(3点)

① 买不下 mǎibuxià　② 买不了 mǎibuliǎo

❸ 买不到 mǎibudào　④ 买不起 mǎibuqǐ

可能補語の問題です。店に在庫がなくて「買えない」という動作が達成されないことを表す“买不到”を選びます。「動詞＋“不下”」は「…する余裕がない」ことを，「動詞＋“不了”」は「…しきれない」と不可能であることを，「動詞＋“不起”」は「なくて…できない」と能力がなくてできないことを表します。

(4) 空欄補充　(3点)

① 打 dǎ　② 送 sòng　③ 传 chuán　❹ 发 fā

動詞と名詞の組み合わせの問題です。“电子邮件”を目的語にとることができるのは“发”です。“打”(入力する)，“送”(プレゼントする)，“传”(伝える) はいずれも“电子邮件”を目的語にとることはありません。

(5) 空欄補充　(4点)

① 不但…而且… búdàn…érqiě…　② 因为…所以… yīnwei…suǒyǐ…

❸ 只要…就… zhǐyào…jiù…　④ 虽然…但是… suīrán…dànshì…

呼応表現の問題です。「…しさえすれば」という条件を表す“只要…就…”を選びます。“不但…而且…”は「…だけでなく，さらに」と累加関係を，“因为…所以…”は「…なので」と原因・理由を，“虽然…但是…”は「…にもかかわらず」と譲歩や事実を認めることを表します。

⑹ 内容一致　　（4 点）

❶ 弟弟在我同意之前就拿走了 CD。
Dìdi zài wǒ tóngyì zhīqián jiù názǒule CD.
弟はわたしが同意する前に CD を持って行ってしまった。

② 弟弟不愿意出钱给我买新 CD。
Dìdi bú yuànyì chū qián gěi wǒ mǎi xīn CD.
弟はお金を出してわたしに新しい CD を買いたくなかった。

③ 朋友不同意帮我买新 CD。
Péngyou bù tóngyì bāng wǒ mǎi xīn CD.
友達はわたしが新しい CD を買う手伝いをすることに同意しなかった。

④ 弟弟以前也经常丢东西。
Dìdi yǐqián yě jīngcháng diū dōngxi.
弟は以前もよく物をなくしていた。

5 行目に“我还没有同意呢，他就把 CD 拿走了。”とあるので①が一致します。

5 日文中訳　　（4 点× 5）

⑴ わたしの家は駅から遠くはありません。
我家离车站不远。
Wǒ jiā lí chēzhàn bù yuǎn.

介詞の使い方がポイントです。時間・空間の隔たりを表す“离”を用います。

⑵ わたしは電車で学校に行きます。
我坐电车去学校。
Wǒ zuò diànchē qù xuéxiào.

連動文を用いて訳します。「電車で」という手段を表す動詞フレーズ“坐电车”を前に置き，「学校に行く」という動作“去学校”を後ろに置きます。

⑶ わたしのパンは母に食べられてしまった。
我的面包被妈妈吃了。
Wǒ de miànbāo bèi māma chī le.

「母に食べられてしまった」という受身表現は「“被”＋動作主＋動詞」の語順です。この場合，動詞には完了を表す助詞“了”を付加する必要があります。

⑷ まだ何か質問はありますか。

还有什么问题吗？

Hái yǒu shénme wèntí ma?

不定疑問詞の使い方がポイントです。有無をたずねる“有…吗？”を用いて，「まだ」を表す副詞の“还”は動詞“有”の前に置きます。不定を表す“什么”（何か）は“问题”（質問）の前に置きます。

⑸ 机の上に２冊の小説が置いてあります。

桌子上放着两本小说。

Zhuōzi shang fàngzhe liǎng běn xiǎoshuō.

存現文を用いて訳します。存現文は「場所（時間）＋動詞＋その他の成分（助詞など）＋人・モノ」の語順ですから，「“桌子上（場所）”＋“放（動詞）”＋“着”（その他の成分）＋“两本小说”（モノ）」です。

2 音節語の声調の組み合わせ

中検4級および3級の試験において，これまでに声調の組み合わせを問う問題として出題された単語の一部を下に掲げる。各組み合わせ5語のうち初めの3語は名詞，後の2語は動詞または形容詞である。繰り返し音読して2音節語の声調の組み合わせを身に付けられたい。

1 第1声＋第1声

□ 餐厅 cāntīng　食堂
□ 飞机 fēijī　飛行機
□ 公司 gōngsī　会社
□ 出差 chūchāi　出張する
□ 开车 kāichē　車を運転する

2 第1声＋第2声

□ 公园 gōngyuán　公園
□ 新闻 xīnwén　ニュース
□ 周围 zhōuwéi　まわり，周囲
□ 帮忙 bāngmáng　手伝う
□ 光明 guāngmíng　明るい

3 第1声＋第3声

□ 黑板 hēibǎn　黒板
□ 家长 jiāzhǎng　父兄，保護者
□ 铅笔 qiānbǐ　鉛筆
□ 开始 kāishǐ　始める
□ 危险 wēixiǎn　危ない

4 第1声＋第4声

□ 车站 chēzhàn　駅
□ 工作 gōngzuò　仕事，業務
□ 商店 shāngdiàn　商店，店
□ 关照 guānzhào　世話をする
□ 亲切 qīnqiè　親密だ

5 第1声＋軽声

□ 机器 jī·qì　機械
□ 窗户 chuāng·hu　窓
□ 西瓜 xī·guā　スイカ
□ 商量 shāng·liang　相談する
□ 舒服 shū·fu　気持ちがよい

6 第2声＋第1声

□ 房间 fángjiān　部屋，ルーム
□ 毛巾 máojīn　タオル
□ 钱包 qiánbāo　財布
□ 滑冰 huábīng　スケートをする
□ 年轻 niánqīng　年が若い

7 第2声＋第2声

□ 厨房 chúfáng　台所，調理室
□ 银行 yínháng　銀行
□ 邮局 yóujú　郵便局
□ 学习 xuéxí　学習する
□ 头疼 tóuténg　頭が痛い

8 第2声＋第3声

□ 传统 chuántǒng　伝統
□ 啤酒 píjiǔ　ビール
□ 苹果 píngguǒ　リンゴ
□ 游泳 yóuyǒng　泳ぐ
□ 明显 míngxiǎn　はっきりしている

9 第2声＋第4声

□ 环境 huánjìng　環境，状況
□ 节目 jiémù　番組
□ 名片 míngpiàn　名刺
□ 同意 tóngyì　同意する
□ 流利 liúlì　流暢だ

10 第2声＋軽声

□ 孩子 hái·zi　子供
□ 名字 míng·zi　名前
□ 朋友 péng·you　友人
□ 觉得 jué·de　覚える，感じる
□ 便宜 pián·yi　値段が安い

〈軽声について〉 軽声になる音節の前には chuāng·hu（窗户）のように・印を付けてある。xī·guā（西瓜），fù·qīn（父亲）のように・印の後の音節に声調が付いているものは，その音節が場合によって軽声にも非軽声にも発音されることを示している。

11 第3声＋第1声

- □ 海关 hǎiguān　税関
- □ 老师 lǎoshī　（学校の）先生
- □ 手机 shǒujī　携帯電話
- □ 打工 dǎgōng　アルバイトをする
- □ 主张 zhǔzhāng　主張する

12 第3声＋第2声

- □ 导游 dǎoyóu　旅行ガイド
- □ 法国 Fǎguó　フランス
- □ 感情 gǎnqíng　感情
- □ 解决 jiějué　解決する
- □ 旅行 lǚxíng　旅行する

13 第3声＋第3声

- □ 老板 lǎobǎn　商店の主人
- □ 手表 shǒubiǎo　腕時計
- □ 水果 shuǐguǒ　果物
- □ 洗澡 xǐzǎo　入浴する
- □ 理想 lǐxiǎng　理想的だ

14 第3声＋第4声

- □ 比赛 bǐsài　競技，試合
- □ 礼物 lǐwù　贈り物
- □ 领带 lǐngdài　ネクタイ
- □ 访问 fǎngwèn　訪ねる
- □ 满意 mǎnyì　満足する

15 第3声＋軽声

- □ 耳朵 ěr·duo　耳
- □ 口袋 kǒu·dai　ポケット
- □ 眼睛 yǎn·jing　目
- □ 喜欢 xǐ·huan　好む，愛する
- □ 暖和 nuǎn·huo　暖かい

16 第4声＋第1声

- □ 电梯 diàntī　エレベーター
- □ 故乡 gùxiāng　故郷，ふるさと
- □ 面包 miànbāo　パン
- □ 上班 shàngbān　出勤する
- □ 健康 jiànkāng　健康だ

17 第4声＋第2声

- □ 课文 kèwén　テキストの本文
- □ 面条 miàntiáo　うどん
- □ 问题 wèntí　問題，質問
- □ 上学 shàngxué　学校へ行く
- □ 复杂 fùzá　複雑だ

18 第4声＋第3声

- □ 傍晚 bàngwǎn　夕方，日暮れ
- □ 报纸 bàozhǐ　新聞
- □ 电脑 diànnǎo　コンピューター
- □ 跳舞 tiàowǔ　ダンスをする
- □ 刻苦 kèkǔ　苦労を重ねる

19 第4声＋第4声

- □ 电视 diànshì　テレビ
- □ 饭店 fàndiàn　ホテル
- □ 护照 hùzhào　パスポート
- □ 毕业 bìyè　卒業する
- □ 锻炼 duànliàn　鍛える

20 第4声＋軽声

- □ 父亲 fù·qīn　お父さん
- □ 豆腐 dòu·fu　豆腐
- □ 态度 tài·dù　態度，ふるまい
- □ 告诉 gào·su　告げる，知らせる
- □ 厉害 lì·hai　ひどい，激しい

中国語検定試験について

一般財団法人 日本中国語検定協会が実施し，中国語運用能力を認定する試験です。受験資格の制限はありません。また，目や耳，肢体などが不自由な方には特別対応を講じます。中国語検定試験の概要は以下のとおりです。詳しくは後掲（70 頁）の日本中国語検定協会のホームページや，協会が発行する「受験案内」をご覧いただくか，協会に直接お問い合わせください。

認定基準と試験内容

準4級	**中国語学習の準備完了** 学習を進めていくうえでの基礎的知識を身につけていること。 （一般大学の第二外国語において半年以上，高等学校において一年以上，中国語専門学校・講習会等において半年以上の学習程度。） 基礎単語約 500，日常あいさつ語約 80 から ○単語・語句の発音，数を含む表現，日常生活における基本的な問答及びあいさつ表現の聞き取り ○単語・語句のピンイン表記 ○基礎的な文法事項及び単文の組み立て ○簡体字の書き取り
4　級	**中国語の基礎をマスター** 平易な中国語を聞き，話すことができること。 （一般大学の第二外国語において一年以上の学習程度。） 常用語約 1,000 から ○日常生活における基本的な問答，比較的長い会話文または文章の聞き取りと内容理解 ○単語・語句のピンイン表記・声調 ○基本的な文法事項及び文法事項を含む単文の組み立て ○比較的長い文章の内容理解 ○日本語の中国語訳（記述式）
3　級	**自力で応用力を養いうる能力の保証（一般的事項のマスター）** 基本的な文章を読み，書くことができること。 簡単な日常会話ができること。 （一般大学の第二外国語において二年以上の学習程度。） 常用語約 2,000 から ○日常生活における基本的な問答，比較的長い会話文または文章の聞き取りと内容理解 ○単語・語句のピンイン表記・声調 ○基本的な文法事項及び文法事項を含む単文・複文の組み立て ○比較的長い文章の内容理解 ○日本語の中国語訳（記述式）

２　級	**実務能力の基礎づくり完成の保証** 複文を含むやや高度な中国語の文章を読み，３級程度の文章を書くことができること。 日常的な話題での会話が行えること。 日常生活全般及び社会生活の基本的事項における中国語から ○日常会話及び長文の聞き取りと内容理解 ○長文読解と長文中の語句に関する理解 ○正しい語順と語句の用法，熟語・慣用句を含む語句の解釈 ○長文中の指定語句の書き取り及び指定文の日本語訳（記述式） ○日本語の中国語訳（記述式） ○与えられた語句を用いたテーマに沿った中国語作文（記述式）
準１級	**実務に即従事しうる能力の保証（全般的事項のマスター）** 社会生活に必要な中国語を基本的に習得し，通常の文章の中国語訳・日本語訳，簡単な通訳ができること。 日常生活及び社会生活全般における，新聞・雑誌・文学作品・実用文のほか，時事用語などを含むやや難度の高い中国語から **(一次)** ○長文の聞き取りと内容理解 ○長文中の指定文の書き取り（記述式） ○長文読解と長文中の語句に関する理解 ○語句の用法，熟語・慣用句を含む語句の解釈 ○長文中の指定語句の書き取り及び指定文の日本語訳（記述式） ○比較的長い日本語の中国語訳（記述式） ○与えられた語句を用いたテーマに沿った中国語作文（記述式） **(二次)** ○日常会話，簡単な日本語・中国語の逐次通訳及び中国語スピーチ
１　級	**高いレベルで中国語を駆使しうる能力の保証** 高度な読解力・表現力を有し，複雑な中国語及び日本語（挨拶・講演・会議・会談等）の翻訳・通訳ができること。 日常生活及び社会生活全般における，新聞・雑誌・文学作品・実用文のほか，時事用語などを含む難度の高い中国語から **(一次)** ○長文の聞き取りと内容理解 ○長文中の指定文の書き取り（記述式） ○長文読解と長文中の語句に関する理解 ○語句の用法，熟語・慣用句を含む語句の解釈 ○長文中の指定文の日本語訳（記述式） ○比較的長い日本語の中国語訳（記述式） ○与えられた語句を用いたテーマに沿った中国語作文（記述式） **(二次)** ○難度の高い日本語・中国語の逐次通訳

日程と時間割

準4級，4級，3級，2級及び準1級の一次試験は3月，6月，11月の第4日曜日の年3回，1級の一次試験は11月の第4日曜日の年1回実施します。

一次試験は次の時間割で実施し，午前の級と午後の級は併願できます。

午前			午後		
級	集合時間	終了予定時間	級	集合時間	終了予定時間
準4級	10:00	11:15	4　級	13:30	15:25
3　級		11:55	2　級		15:45
準1級		12:15	1　級		15:45

準1級と1級の二次試験は，一次試験合格者及び一次試験免除者を対象に，一次が3月・6月の場合は5週間後，一次が11月の場合は翌年1月の第2日曜日に実施します。（協会ホームページに日程掲載）

受験会場

全国主要都市に約30か所，海外は4か所を予定しています。二次試験は，原則としてZoomによるオンラインで実施します（2023年4月現在）。

受験料（税込）

郵送またはインターネットで受付けます。

準4級	4　級	3　級	2　級	準1級	1　級
3,500円	4,800円	5,800円	7,800円	9,800円	11,800円

（2023年4月現在）

出題・解答の方式，配点，合格基準点

級	種類	方式	配点	合格基準点
準4級	リスニング	選択式	50点	60点
	筆　記	選択式・記述式	50点	
4　級	リスニング	選択式	100点	60点
	筆　記	選択式・記述式	100点	60点
3　級	リスニング	選択式	100点	65点
	筆　記	選択式・記述式	100点	65点

2　級	リスニング	選択式	100点	70点
	筆　記	選択式・記述式	100点	70点
準1級	リスニング	選択式・記述式	100点	75点
	筆　記	選択式・記述式	100点	75点
1　級	リスニング	選択式・記述式	100点	85点
	筆　記	選択式・記述式	100点	85点

・解答は，マークシートによる選択式及び一部記述式を取り入れています。また，録音によるリスニングを課し，特に準１級・１級にはリスニングによる書き取りを課しています。

・記述式の解答は，簡体字の使用を原則としますが，２級以上は特に指定された場合を除き，簡体字未習者の繁体字使用は妨げません。ただし，字体の混用は減点の対象とします。

・４級～１級は，リスニング・筆記ともに合格基準点に達していないと合格できません。準４級は合格基準点に達していてもリスニング試験を受けていないと不合格となります。

・合格基準点は，難易度を考慮して調整することがあります。

二次試験内容

準１級は，面接委員との簡単な日常会話，口頭での中文日訳と日文中訳，指定されたテーマについての口述の３つの試験を行い，全体を通しての発音・イントネーション及び語彙・文法の運用能力の総合的な判定を行います。10～15分程度。合格基準点は75点／100点

１級は，面接委員が読む中国語長文の日本語訳と，日本語長文の中国語訳の２つの試験を行います。20～30分程度。合格基準点は各85点／100点

一般財団法人 日本中国語検定協会

〒103-8468　東京都中央区東日本橋2-28-5 協和ビル

Tel：03-5846-9751　Fax：03-5846-9752

ホームページ：http://www.chuken.gr.jp

E-mail：info@chuken.gr.jp

試験結果データ（2022 年度実施分）

L：リスニング　W：筆記　口試 1：中文日訳　口試 2：日文中訳

第106回	準4級	4級	3級	2級	準1級	準1級二次	1級一次	1級二次
		L / W	L / W	L / W	L / W	口試	L / W	口試1/口試2
合格基準点	60	60(55)/60(55)	65(50)/65(50)	70(60)/70(60)	75(70)/75(70)	75	−	−
平均点	69.5	61.3/69.8	49.4/56.9	54/55.4	58.1/61.3	90.3	−	−
志願者数	1,026	1,632	2,170	1,114	409	69	−	−
受験者数	901	1,427	1,898	992	373	61	−	−
合格者数	672	837	741	271	64	59	−	−
合格率	74.6%	58.7%	39.0%	27.3%	17.2%	96.7%	−	−

第107回	準4級	4級	3級	2級	準1級一次	準1級二次	1級一次	1級二次
		L / W	L / W	L / W	L / W	口試	L / W	口試1/口試2
合格基準点	60	60/60	65/65	70/70	75(70)/75(70)	75	85/85	85/85
平均点	66.0	72.4/68.8	71.7/66.7	72.6/70.9	59.7/59.4	87.1	77.5/70.7	74.4/75.1
志願者数	2,316	2,441	2,517	1,316	447	81	249	32
受験者数	2,057	2,146	2,182	1,197	409	78	236	30
合格者数	1,360	1,387	1,087	575	79	74	23	13
合格率	66.1%	64.6%	49.8%	48.0%	19.3%	94.9%	9.7%	43.3%

※　二次志願者数には，一次試験免除者を含みます。

※　合格基準点欄（　）内の数字は，難易度を考慮して当該回のみ適用された基準点です。

C　第　　回　3級　解答用紙

受験番号							
会場							
氏名							

記入例

良い例	悪い例

小さすぎたり，はみだしたり，うすすぎたりしないように。

マーク欄全体を塗りつぶしてください。

リスニング

1

(1)	1	2	3	4
(2)	1	2	3	4
(3)	1	2	3	4
(4)	1	2	3	4
(5)	1	2	3	4
(6)	1	2	3	4
(7)	1	2	3	4
(8)	1	2	3	4
(9)	1	2	3	4
(10)	1	2	3	4

2

(1)	1	2	3	4
(2)	1	2	3	4
(3)	1	2	3	4
(4)	1	2	3	4
(5)	1	2	3	4
(6)	1	2	3	4
(7)	1	2	3	4
(8)	1	2	3	4
(9)	1	2	3	4
(10)	1	2	3	4

筆記

1

(1)	1	2	3	4
(2)	1	2	3	4
(3)	1	2	3	4
(4)	1	2	3	4
(5)	1	2	3	4
(6)	1	2	3	4
(7)	1	2	3	4
(8)	1	2	3	4
(9)	1	2	3	4
(10)	1	2	3	4

2

(1)	1	2	3	4
(2)	1	2	3	4
(3)	1	2	3	4
(4)	1	2	3	4
(5)	1	2	3	4
(6)	1	2	3	4
(7)	1	2	3	4
(8)	1	2	3	4
(9)	1	2	3	4
(10)	1	2	3	4

3

(1)	1	2	3	4
(2)	1	2	3	4
(3)	1	2	3	4
(4)	1	2	3	4
(5)	1	2	3	4
(6)	1	2	3	4
(7)	1	2	3	4
(8)	1	2	3	4
(9)	1	2	3	4
(10)	1	2	3	4

4

(1)	1	2	3	4
(2)	1	2	3	4
(3)	1	2	3	4
(4)	1	2	3	4
(5)	1	2	3	4
(6)	1	2	3	4

5

		点数
(1)		
(2)		
(3)		
(4)		
(5)		

カバーデザイン：トミタ制作室

音声ストリーミング，ダウンロード

中検３級試験問題2023［第106・107回］解答と解説

2023 年 4 月 22 日　初版印刷
2023 年 4 月 28 日　初版発行

編　者　一般財団法人 日本中国語検定協会
発行者　佐藤和幸
発行所　白 帝 社

〒 171-0014　東京都豊島区池袋 2-65-1
TEL 03-3986-3271　FAX 03-3986-3272
info@hakuteisha.co.jp　https://www.hakuteisha.co.jp/

印刷 倉敷印刷（株）／製本（株）ティーケー出版印刷

Printed in Japan　〈検印省略〉　6914　ISBN978-4-86398-550-6

＊定価はカバーに表示してあります。